作者简介

石井光太郎

1961年出生于日本神户市，毕业于东京大学经济学部。曾任职于日本波士顿咨询公司。1986年参与创立了Corporate Directions(CDI)咨询公司，2003-2021年担任CDI咨询公司代表合伙人。现担任CDI Human Capital代表，2022年3月兼任MFA代表。

译者简介

张浩川

1971年出生于中国上海市，毕业于日本专修大学，经营学博士。现任上海科学公共政策研究中心理事长、首席研究员，复旦大学日本研究中心特聘研究员，复旦发展研究院客座教授，日本明治大学MBA特聘教授。编著有《中国中小企业的挑战》《日本留学指南》《日本医疗指南》等。

企业之迷宫

为了企业家的不眠之夜

[日]石井光太郎 著

张浩川 译

复旦大学出版社

译者的话

首先,很荣幸可以翻译石井光太郎先生的大作,感谢先生与 Corporate Directions, Inc. (CDI) 咨询公司诸位对我的信任!也要感谢复旦大学出版社各位同仁的尽心尽责!

虽然早在留学期间就做过各种翻译工作,步入社会后也没少承接类似的工作,但正儿八经地去翻译一部著作,倒还是"大姑娘上轿——头一遭"。并不是不屑于翻译的工作,而是多年来养成的一种习惯性的懒惰,以至于自己写的书在日本出版,也没有,或者说,也不愿意去翻译成中文……应该是觉得同样的工作再做一遍只是在浪费时间,以至于这么多年都对"(为了完成论文发表指标)你完全可以把你在日本出版的书(发表的论文)翻译出来,拿到国内再次发表"之类的善意忠告也置之不理。

但当我第一次拿起这本书的时候,竟然立即涌出了想翻译的冲动,不仅仅是因为石井光太郎先生敏锐的洞察力和对现实中的日本企业、日本企业家犀利的批判与我的拙见相近,而且因为我的很多日本朋友看后都表示这是一本通俗易懂的经营学的"好书"。更让我动心的是"这是一本用普通的语言（更近乎口语化的语言）和学术的逻辑分析阐述经营哲学的好书"。而这种"混搭"对翻译显然有着更高的要求，这对学习日语30余年的我更是一个极大的挑战！

欣然允诺之后，便着手翻译工作……正如我所预料的，难！真的很难！在日本人眼中口语化的通俗易懂，在翻译者来看，那就是连绵不断的从句套从句，甚至分不清主谓宾结构的复杂，以至于一向自负的我，在埋头苦干四个小时后才发现只翻译了7页……并不是不能换一种表达方式（语言、语句、语序），而是一想到石井光太郎先生可以用这样的日语表达形式去诠释对日本企业、对日本企业家"怒其不争"的深深的爱，就更希望遵从原著的意境和激情，让一个有血有肉有灵魂的石井光太郎先生浮现在中国读者的眼前。

刻意保留原著日式语言的表现风格，在不知不觉中，竟然有了些许鲁迅先生的文风……先生的作品，多带有日式语言的表达风格，这与先生早年赴日留学有关。遥想中学时代，自不量力的我还曾东施效颦地去刻意模仿，写了些所谓杂文。当然，那些只能是依葫芦画瓢的东西，根本无法抵达先生的境界。倒是通过对本书的翻译，让我又找回了些许的灵感，甚至是在一些略显生硬拗口的表达中，自说自话地找到了些咀嚼鲁迅先生大作时"痛哉、快哉"的惬意！

作为一名译者本不该喧宾夺主，洋洋洒洒地展开，但也实在按捺不住在本书翻译过程中的悸动和兴奋……耽误了各位读者宝贵的时间，深感抱歉！

　　但是，这样的"前缀"，应该还是可以对各位读者尽快进入石井光太郎先生的世界有所帮助，不管是对当今社会无处不在的偷换概念的厌恶，还是对荒谬盲从的现代企业实态的批判，甚至是对志向未来的企业家觉醒的期待……至少在文风上会有所适应，不至于难以下咽这样的一本好书……因为，本书原著的绪言也是从"致歉"开始的……

绪言
致歉

经营战略咨询本应归类于明治时代引进的"稀有高级舶来品"的系列，而今已经变成了一种根本无法定义的服务。即便是像我这样以此为生计近四十载的人，也无法释怀心中对其难以诠释却日益膨胀的怀疑、违和和悔悟——也许它就是一团被朦胧的雾气笼罩的思想。可以说，本书算是我竭尽所能把这种思想落案于文字的一种尝试。

咨询相关的著作之所以备受期待，大多是因为里面充满了新的概念、经营手法、经验、解决方案，或者是案例介绍，遗憾的是这些内容在本书中都不会出现。甚至可以说，根本没有哪怕是一丁点的针对"明天我该干什么"的指南、启蒙之类的"答案"。这也是我在本书开篇之际先向读者致歉的缘故。如果有这样期待的读者，非常抱歉！请您现在就合上此书放回书架！对此，我也同样心怀感激！

广受业界信赖的咨询形象，一般多为"简单明了""具体详实""受用匪浅"……但是，凭我自身体验感悟到的咨询的本质，不仅无缘于这样的单纯，而且恰恰相反。

咨询，就是与客户的对话。

所谓客户，就是以企业家为首、参与相关项目经营的诸位，所以，可能是一个人，也可能是一家企业，总之是一个个单独的主体。我认为，咨询之所以必须对客户知根知底，是因为其有着重要的含义。

人都是自己觉得"懂"，而不是真正意义上的"懂"。因此很多时候无法付诸行动。反之，如果真的"懂"了，基本上也都能够落实到行动上。对于那些面对无解难题的客户（企业），咨询能够做的事情就是在客户找到该如何行动的答案的过程中提供帮助。对于那些客户而言，这些问题其实从一开始就是他们固有的、不管到哪里都找不到明确答案的疑难问题。而对咨询师团队来说，也不是一开始就有答案的。咨询，就是即便是身处不该奢望完美答案的不确定的环境中，也要找出最佳方案，由客户与咨询师团队一起竭尽所能去探索，为了"懂"而展开的对话。

咨询所追求的"简单明了"，就是让身处固有难题迷茫之中的眼前的客户"懂"得在"虚无缥缈中该如何去思考、该如何去行动"的"简单明了"。这与谁都能理解的"简单明了"完全不同，如果一定要诠释，那就是只有"懂"的人才"懂"的"简单明了"。

鉴于那本是客户固有的难题，就更无须赘言，从最初开始那就是极端个别的"具体"话题。即便是得知其他地方也有类似的案例，可能会得到一些宽慰，但还是没有办法解决固有的难题。反倒是，如何理解那些固有的"具体的"难题，在什么样的维度上去挑战、解决，其过程中所带来的探索思考，在考量难题本质的意义上，走向了"抽象化"。曾经有位著名的画家说过，"写实的最高境界是抽象"，而人的所谓"懂"，也应该就是这种写照。

既然是绞尽脑汁挑战前人未解的难题，那就不会有所谓"方式方法"。没有"方式方法"的"受用匪浅"，在日常生活中显然也不会存在。曾听一所著名高中的教师有过这样的教导："马上可以令人受益的东西，很快就不能令人受益。"考虑人生方向时的"受益"与为了明天考试得分的"受益"，显然不可同日而语。从长远的目光来看，到底什么可以令人"受益"恐怕连他自己都不知道，可能这样说才是真正的一语中的。经营其实也一样，追求"受益"的尽头，不能够解决真正的问题。

就我自身而言，二三十年与客户之间反反复复的对话，也具有这样的性质。在这么多的对话之中，如果反省到底有几次我成为客户优秀的谈话对象，不免心虚。与客户一起在痛苦中煎熬、竭尽所能面向明天摸索到达的"懂"的喜悦和随着富有成效的行动的实施所带来的欢欣鼓舞充满内心的同时，为何在那个时候没能够这样提案、没能够达到这样的效果所带来的后悔也接踵而至，想为自己的不成熟、能力有限而致歉，忏悔的心思也汹涌而来。不管怎样，通过那些对话，我是着实学会了很多东西。而现在我的后悔，为不成熟而感到的羞耻、想忏悔的心境，也是来源于这样的学习和对过去对话的反省。也正因如此，才有了和过去不一样的我。

本书，从三十多年前开始描述至今，是为了在这期间的客户与现在的我可以敞开心扉地对话交流而写。他们中，既有像战友那样长交深交的客户，也有对于年轻的我来说亦师亦友的客户；既有咨询项目虽已结束但依然作为朋友时常把酒言欢的客户，也有在短暂的时间内一起倾注满腔热情之后只是通过媒体得知其宏图大展的客户；当然也有不少已经身归他界的人士。

在此，并不是想说与这些人士之间的陈年往事。

我只是在思考：现在，若可以再次与他们对面，从他们身上博采各家之长的现在的我如果可以全身心地与他们对话的话，我该如何挺直腰杆直率地发表自己的意见。

客户与咨询师团队之间严肃认真的较量，最终往往是僵持在被企业视为脊梁的"企业观念"和"经营观念"之上。可以说，那也是胸怀世界广阔程度的较量。如果咨询师团队看到的世界是狭隘的，那么再怎么用正确的理论争辩，也只是纸上谈兵。反过来，如果咨询师团队可以看到客户看不到的世界，那么客户一定会敏锐地感受到。

通过这样长期的僵持对峙，我看到了"企业"及其"经营"作为人类营生、作为社会存在的诸多深奥和无穷的可能性，也为单纯地想把这一切在大脑中模型化的自己而感到羞愧。

现在，客户依然会苦笑着对我说："企业并不是那么单纯的。"但现在的我，可能会与深夜满腹疑云、辗转反侧的客户（企业家）一起分担内心深处的痛楚，一起拓展面向明天的视野，在客户的决断与行动中助力,高喊出一句勉励的话语!

当然,在这里总结著书的思虑并不仅仅是为了对以往的客户的感谢和忏悔。

在我看来,当今社会,所谓"企业"观、"经营"观已经严重陈腐并且萎缩,甚至在企业家自身的脑海里"自己该如何存在"这样的问题意识也在不断枯竭……

因此,如何将我从客户那里学到的东西传递下去,包括存在于"企业"中的人性的重要性、社会性、广阔的可能性、落实到实际"经营"时的深邃性,对现代乃至将来的经营者来说,绝不是毫无意义的举动。深陷烦恼迷惑中的您,如果能够在本书中找到,哪怕只是只言片语的、可以端正自己决策姿态的暗示(或明示),那么我就已经很欣慰了。

从结果上来说,对于身处"企业"观、"经营"观不断萎缩的咨询业界,至少也算是尽到了一份责任吧!从这个意义上来说,本书更希望成为"企业家"的声援新歌,而不是缅怀逝去的"经营"的哀怨悲曲。

目录

序章:"迷宫"之门	001

"迷宫"的经营词典　　023

战略	025
市场	034
价值	043
利益	052
成长	059
企业	068
统治	089
组织	101
改革	117
M&A	126
开发	136

人才	150
咨询	170
信义	180

终章：从"迷宫"走向觉醒   191

谢词：致歉   217

《企业之迷宫》寄语： 现代资本主义的病灶和它的彼岸
                                                                     永冈英则   220

序章:"迷宫"之门

我是神,但陷入自己编织的陷阱!我才是最不自由的男人!

——瓦格纳:《女武神》(歌剧)第二幕第二场

被疏远的企业家

经营咨询是一种自带"铜臭味"的存在。

虽然也有不少企业家会对经营咨询有所依赖,但是应该有更多的企业家觉得他们是一群奇怪的、难以信任的群体,并投以怀疑的目光。

一般来说,这也是一种"常识"。

经营咨询,并没有像律师、会计师那样的资质认定,只要打印了名片,明天就可以做咨询业务。这样的人,凭什么对我们企业的经营指手画脚?又凭什么可以拿到令人难以置信的高额报酬?

真实情况是:即便是像我这样常年以此为生的人,也很难回答诸如"我的工作(profession)到底是什么""我到底是干什么的"之类的问题。也许,把全世界的咨询业者召集起来询问,也只会得到各式各样五花八门的答案。

如果说在这些答案中有一点共同之处的话,我想至少那一定是：每天诚挚面对的咨询对象是成为客户的"企业""企业家"这一事实。

但是，到访的咨询业者一般只会夹带来诸如"市场""竞争""项目的经济性""商业模式"之类的概念，"切割（事业部门的剥离）""成本分析""业务分析"之类的手法，"资源配置""优先顺序"之类的框架，"组织论""战略论"之类的理论。他们会连续不断地搬出新的道具，把现实中的"企业""项目"按在砧板上料理一番。在前赴后继的新道具开发中，咨询业者表现出惊人的旺盛精力。

在这种变化中，咨询业者到底是"企业""企业家"的商量对象，还是到处贩卖新奇流行道具的商人？这变得越来越微妙……

他们每天都会剪辑时代的断片截面冠之以"崭新的突破口"之名，绘声绘色地演绎出目不暇接的时代变化，并巧舌善辩地翻弄着恐怖理论向你步步紧逼……如果停下"挑战"，停下"革新洗面（根本性的变革）"，那么你的企业就会成为"竞争"的失败者云云。咨询业者就是这样，成为"竞争战略"世界观向企业经营渗透的宠儿，成为引导（甚至是煽动）"竞争战略"世界观的传道士般的存在，延续至今。

但是，正如乘坐"南蛮之舟"① 而来的传教士所处的布教时

---

① 南蛮之舟：日语汉字写为"南蛮船"，指室町幕府末期至江户时代，由吕宋岛、爪哇岛、澳门等南方海岛地区出发，来到日本的西班牙、葡萄牙等国的船只。"南蛮"在日语中，可指代经由南方海岛地区来到日本的西欧舶来品。

代那样，那是充满了战乱和动乱的年代。换个视角，也可以说：咨询业者这个族群的出场和繁衍，也只不过是成长的终焉与迈向成熟的迁移之间的苦斗时代的产物。经营咨询业者，正是映射那个时代的镜子，而镜面上留下的镜像就是在那里苦斗的"企业"和"企业家"。

只要是靠一己之力开创"事业"、开设"企业"的人，都深知最初突破的辛酸（起步的艰辛）。即便是现在形同宇宙般的大"企业"，也会将其从无到有呱呱问世时与当前迥异的最初的原点的样子，满是汗臭和泪水的样子，镌刻在记忆之中。召集志同道合的"伙伴"，彻夜为产品的生产、服务的设定绞尽脑汁，在购买方（顾客）面前俯首恳愿，终于赢得认可，客户第一次出钱购买了这个产品（或服务）的时候，就在这一刻，"事业""企业"真正起步了。

接下来就是：该怎么做才能让客户购买更多的产品和服务？该如何改良产品和服务？该如何让产品和服务变得更加便宜实惠？……为了这些，该如何增加合作伙伴？该如何增加客户？……竭尽所能去思考，在失败的连续中摸索，凭着对事业的钟爱和激情在顿挫中延续挑战……不知不觉中，自己的产品和服务终于得到了世人的认可，"事业"兴盛起来，"企业"也越做越大。

就在这时，咨询业者也悄然而至。

一边游说着"竞争""经济性"之类的概念，一边开始拍摄反映病灶的 X 光片和 CT 影像，并从中指出诸多问题，表明对未来的担忧。

在无意识中,"事业"正规化了,"企业"也正规化了,"事业"和"企业"也都成为竞争战略理论中概念化的存在。于是,"事业"的成败已经不再被"基于过去的经验和实践而来的灵感"左右,而被定性为:只有依靠拍摄下来的事实通过科学的理论分析才能解明!

尽管如此,还是不得不佩服咨询业者!他们居然能把原本作为军事概念的"战略"引进商务领域。这着实是一个精巧的比喻!就商务的成功与失败这一点而言,简洁明快地触碰到了企业家的心弦,直戳痛处。

如何打败竞争对手?为了达到这个目的,该舍弃什么?该获取什么?该向哪些客户群集中资源?该与哪些企业修正相互关系?……通过这些工作,能够压缩多少成本?可以新添多少市场份额?……为了战略方案成立的分析工作也就此展开。

于是,为了在严峻的竞争时代中脱颖而出,就必须通过彻底的成本压缩提升竞争力,而为此就必须"瘦身"生产体制、重建销售体制……诸如此类的话语,在不经意间也开始成为企业家们的口头禅。

就这样,企业家们的思考沉溺于"如何在竞争游戏中胜出",而为什么要开始这场游戏,为什么要这样做,已经变得无关紧要。遥远的突破(起步时)的激情燃烧的记忆也慢慢褪去。有梦想、有志向的人性化经营的"事业"和"企业",随着体量的变大而反比例地萎缩。这一瞬间,它们都堕落为单纯的游戏玩家,并开始不断萎缩。

然而，真正的问题还在后面。

"企业"客观地了解自己的竞争力，战略性地思考应该如何战胜竞争对手并存活下去，这就如同"我们参加体检、纠正生活习惯、接受治疗，或者说通过学习能力测试决定自己将来的出路"一样，是很自然的事情。咨询业者就像运动队的教练那样，为提升实力、走向胜利提出建议，至少从这个视角来看，也是非常自然的事情。

但是，咨询业者经常会肆意地走出下一步。

那就是"如果不能在竞争中胜出，那就只有灭亡；不能够取胜的话也就没有做的意义"之类的现实否定。

"反正也赢不了，那就别干了"之流的论理①，实在是巧妙，几乎将反对的意见封杀在了困惑、狐疑之中。

也正是在这一瞬间，"竞争战略"升华到了绝对的、支配性的"世界观"。咨询业者成功地把"为了生计而使用的手段"问题篡改成了"目的设定的绝对价值"问题。

X光片和CT影像并不是"真人真相"，这本是不言自明的事情。同理，从竞争分析中得到的企业形象也不可能是"企业"真实的模样……但是，众多"企业"在误导中就真的认为那些影像才是真实的自己。

---

① 作者原文使用了"论理"这一并不常用的汉字组合，其意为思考的形式、法则，推理的方法、逻辑。由于在本文中出现次数较多且多强调逻辑推理的过程，所以译者决定保留"论理"二字，作为本书的专门用语。后文中出现的"论理性"，也是强调这种推理性质。

而这样的误导所导致的本末倒置，实在是太恐怖了！

"企业"从最初的突破（起步）开始维系至今的命脉被扯断：这个"企业"为何而诞生？又是为了追求什么，书写下其发展的历程？也就是说，与"企业"为何而生相比，"什么都不重要，必须取得胜利"成为"企业"最优先考虑的问题。在"一切为了赢得游戏胜利"的高压之下的日日夜夜，"企业"的意识开始模糊，分不清"到底是为了生存而在竞争中不断取得胜利"还是"为了不断取得胜利而生存"。

看看众多企业制定的经营企划、事业方针等，就会发现遍布其中的是，用表象的言语拼装出来的咨询业者夹带而来的概念和分析。完全不明白他们究竟想说什么……只看到"在竞争中胜出成长""成为业界第一"之类的口号，却很难遇到为了达到这样的目标所需要的精妙构思，更不用说蕴含着为全世界作贡献而创造的抱负和激情的资料了。

现在，甚至出现了这样的"企业"：高举经营方针大旗，把"利润率高的（赚钱的）事业"作为事业领域的唯一筛选基准！在这样的"企业"里，即便是还保留着作为概念的"企业"，但是已经丝毫嗅不到作为个性法人的"企业"的气息了。

就这样，病毒开始在"企业家""员工"所谓企业人的内心生根发芽。

如果面对的是作为自然人的"人类"，你绝对不会去想"弱者既没有生存的意义，也没有生存的资格"，那么，面对作为法人的"企业"又凭什么可以武断地认为"如果赢不了就没有存在的意义（只有去死）"呢？这种想法的逻辑何在？

"企业"是由人类创造的制度性的产物，如果结束了使命关门歇业，也不足为奇。但是，即便"株式会社制度（股份公司制度）"是一种"人为的制度（安排）"，但一个一个的"企业"并不是制度！仔细想想，那些依靠最初突破（起步）而诞生的"事业"和"企业"都不是因为其"制度性"而诞生的。就像初生婴儿会被付以户籍制度（的束缚）一样，"企业"也是在诞生之后才受到企业制度的约束。"企业"是促成其诞生的人、为其拼搏的人、为其竭尽所能的人、继承发扬的人的思想和行动的体现。从这个意义上来说，在制度之前，"企业"在源头上早就已经烙下了人为的印记。

但明明是人为的"企业"，却按照"（与人性截然不同的）在竞争中如果不能取胜就没有了存在的意义"这样的指标被衡量，而这种比较与竞争性的世界观相重合的前提就是：必须从"企业"中剥夺人为的要素，将人性从"企业"的存在中扫地出门，使"企业"变成一个"被造物"①。难道能够面对一个活生生的人，宣告他"没有存在的意义"吗？同理，你也不可能在一个追梦少年的面前，告诉他"整天追逐不着边际梦想的你，既没有活着的意义，也没有活下去的资格"。

从"企业"中剥离人性使之成为"被造物"就是把"企业"与"员工"的关系、"企业"与"企业家"的关系扭曲为：提供

---

① 被造物：被神圣创造出的事物，去除其中的人性成分。

"功能"并获取等价"报酬"的单纯的交易关系。虽然,类似于"企业是企业,我是我"之类的所谓现代风的表现形式,放眼当下,已经被广为接受,但是究其本质,是受到了竞争世界观的席卷和颠覆的影响。准确地说,是使之成立的被默认的前提条件在作祟。即便是发生了这样的情况,就算当事人为"从组织中独立出来,脱离了'企业人'"而沾沾自喜,实际上他仅仅是沦为独立行走的受"被造物"驱使的道具。当你觉得这些也合情合理时,"企业家""员工"和"企业"之间的关系已经受到了无法挽回的损害。

于是,"企业家"和"员工"都被要求为了"企业"利益的最大化作出贡献,沦落为根据业绩的好坏随时可以被替换的人。"企业"也从体现自身梦想和志向的实体,堕落成仅仅为了侍奉"企业"利益的存在。相信迟早有一天,他们会觉醒:自己并没有得到所谓独立和自立,而是失去了更加重要的东西。

最具代表性的应该就是"企业家"这一人群,因为"企业家"已经变成了侍奉"企业"利益而随时可以被替换的一个齿轮。曾几何时,提到"疏远",感觉是劳动者专属的术语,但悲凉的是现在,甚至能够感受到最被"疏远"的竟是"企业家"自身。

就像从"企业家"的掌中,从指缝之间,细沙正在散落那样,更重要的东西正在流逝。而那正在流逝的正是"经营"本身!

逝去的"现实感"（actuality）

这里，对造成如是严重局面的背景稍加追述。

咨询业者打开本末颠倒的潘多拉魔盒，是在经历了两次石油危机后日本经济开始步入成熟期的20世纪80年代之后，所谓"咨询新风"润物无声地肆意蔓延开来，并趁着泡沫经济崩溃后社会整体的混乱迷茫，渗透到了日本的"企业"和"企业家"的腹地。咨询业者这个种群的繁衍，也就成为体现"咨询"侵蚀度的参数。极具讽刺的是：经营咨询业者的繁衍几乎同步于"经营"从"企业家"掌中流逝的过程。

于是，自泡沫经济崩溃以来，经历了所谓"失去的数十年"，日本的"经营"和"企业家"越来越不被待见。更为遗憾的是，如是恶劣的情况，居然还没有异论、反论的余地。虽然不忍直视，但还是看到了大量日本的"经营"和"企业家"在全球化的"竞争世界观"面前被暴晒，越晒越凄凉，甚至连肌肉都变得僵直，就像贝壳类动物那样僵硬地蜷缩在硬壳里。

越是置身于严峻的"竞争"局面，越会变得更加萎缩，强化守势。

虽然嘴上说的是新事业的开创和革新，但是最关心的还是邻家的企业在干什么。

如果追求业绩优先，视野就会变得狭隘，只能围着眼前的事情团团转。

如果追求透明的企业治理，就会拘泥于形式而忽略本质，始终在形式应对中徘徊不前。

为了规避风险,大家一起来做决定,陷入"谁也不能决定做什么事情"的泥潭,而这种倾向还会愈演愈烈。

……

结果,明明做的是起死回生的计划,却将平时努力积攒的巨额资金投入到 M&A(收购兼并),赌博般的失败案例举不胜举。对于出现的失败,一如既往地一味隐瞒,妄图蒙混过关的案例也比比皆是。在成果主义的名义下,像鞭打家畜、赛马那样残酷地驱使部下和员工的做法也蔓延开来。在这样的工作现场,丢弃自豪、伪造业绩的案例不断增加。每当暴露出诸如此类的案例的时候,本应该是"切除毒瘤",但是悲剧还在不断上演。

看到这样的情况,我只能想起精神医学家木村敏[①]说过的话:人在紧急事态之中即将丧失自我的时候,作为客观事实的"reality"和作为主体者的现实感的"actuality"经常会出现乖离。如果前者是自己看到认知的现实,那么后者就是以此为主体的切身感受,如"实感"和"触感"等。那并不是说,不能认知、不能理解眼前所发生的事情,而是,即便能够认知置身于那样的现实之中的自己,但也只能够觉察到自己悬浮在半空中,什么事情都做不了。看到面对新环境时日本"企业"所表现出来的,甚至可以说是反射性的僵直反应,就像是看到了两者的

---

① 木村敏:日本京都大学名誉教授、精神病学家。他被誉为精神病理学领域的顶尖专家,著有《人与人之间》等探讨人际关系的书籍,曾担任日本精神病理学会会长,自传《从精神病学到临床哲学》荣获每日出版文化奖(自然科学类)。

乖离。

那么，从"企业"和"企业家"那里抢走了"actuality"，并将他们架空的"现实"到底是什么？

那就是在泡沫经济崩溃后"失去的数十年"间，面向痛苦挣扎的日本企业，连续不断发难的诸多"课题"。最大限度活用企业的潜在能力去实现企业的成长，最大限度提升经营效率，为此而挑选最合适的企业家，将能够实现目标的人才和组织体系进行改造……

"企业"是属于股东的，这种主张本是无中生有，放在现今已经不用赘述。但是，有一段时间，被宣扬的"股东主权论"，对于不曾对股东作出对错评价的日本"企业"来说，促使了利益相关者关系的再平衡，这也是一个不争的事实。之后，为了适应并正确维系再平衡后的重心，企业治理形式和制度也被不断完善。当然，对于"企业"和"企业家"来说，这些也仅仅是作为必要条件被要求完成的"课题"而已。

"课题"还是要完成的，但是，即便是完成了也不会达成什么目的。更何况，从"失去的数十年"中得以解脱的答案也不会出现在"课题"里。

既然是像完成"作业"那样去做，那也只能是尴尬无力地奔走，因为：所有的这些，都只是被外界要求的、形式上的条件，欠缺的是内发的、摸索出来的"方向"。这里所说的"方向"就是：想做成这样的"企业"，把"企业"做成这样，从遥远的突破（起步时）代代相传的、不断改变着姿态却始终面向未来的一条直线的"方向"。如果是把这个"方向"替换成"先整理一下外观",并以此为目的"从形式上着手",那还情有可原,但是更多的时候只是"只在形式上下手"。这样的话,即便是精心准备的工作也可能出现适得其反的效果。缺欠了内发的"方向",一味放任,就出现了把时代所要求的满足外观上的大量的条件作为"企业"的变革,及把仅在此框架下追求业绩作为自己工作的"企业家"。在这个过程中,咨询业者依然像传道士那样口若悬河地展开所谓"应该如何……如何……"的理论。遵循着这样的教诲,"只在形式上下手"的副作用进一步加剧了"企业"的自信丧失和混乱程度。其结果,反倒是咨询的工作越来越多,讴歌了一曲咨询业者种群欣欣向荣的赞歌。而那些无知的、原本前途无量的年轻人也看到了这些,开始思考:与其自己创业还不如通过竞争成为咨询一族。这样的世界,真是何等的异样!

然而另一方面,最为重要的非形式主义的、对于"企业"最为重要的"方向"却已经被遗忘。

在"企业"里,有着各种各样的利益相关者,如果放任这些迥异的利害关系,"企业"就不可能形成一个拥有"方向"的有机体。但是,并不存在能够将这些迥异的利害关系整合的所谓抽象人物的"企业",取而代之的只有"企业家"。

所谓整合利害关系,并不是简单地提取平均值,找出最大公约数。从这个意义上来说,基于民主主义的思考,采用合议制、少数服从多数来开展经营活动只不过是一种幻想。有点像国家的政治,涉及主权的争夺,但是"企业"不同于国家,员工、股东、交易方都有着参与和退出的自由。所以，能够整合利害关系的唯一方法就是：凝聚这些利益相关者的自由意识，构建具有向心力的强壮的支柱。成为这个点石成金的"金手指"的主宰，这也是"企业家"原本的工作。本应由"企业家"来描绘的这一强壮的支柱，正是这家"企业"的"方向"。换而言之，这也是这家"企业"应该追求的"价值"。自古以来就有"企业大小取决于企业家的器量"一说，其本意也应该在此。

然而，当这个"企业家"也成为利益相关者的一员，成为花束中的一朵，沦落为仅仅是和"企业"进行"贡献度"交易的个人，那将意味着什么？不言自明：作为人类的营生行为的"企业"的核心已经被掏空，成为空洞。

沦落为核心空洞的、没有灵魂的躯壳的"企业"就变成了像机械装置那样没有意识的箱子。既然是箱子，那么就会有作为箱子的便利性。随着思绪万千的人进进出出、走走停停，箱子也会被改造，会被修缮，而这些人在使用完箱子之后，终将离去。自然地，箱子也逃脱不了被废弃的那一天。沦为空壳的"企业"，就像被挖去细胞核的细胞，在那里也不可能有促生内发性进化的文化基因。有一段时间，这样的企业甚至被称作"僵尸企业"，当然并不局限于那些受害企业。"并不是自我意识的生存，而是变成一个空壳活着"——行尸走肉——从这个意义来说，很多"企业"也都只是五十步笑百步而已。遗憾的是，这样的状态，现在也没有多大的改变。无法构想自己"方向"的"企业家"，也堕落成了被雇佣的"箱子管理员"。

"企业家"在时代的狂潮中，必须优先面对的绝不应该是被要求完成的"课题"。然而，"企业家"却陷入执拗于形式主义"课题"的泥潭，根本无法完成原本的工作。这一点必须要自省。

在"经营"中抢回"常识性的感觉"（common sense）

将"企业"和"企业家"剥离的过程，正如前文所述，打着让面对停滞混乱迷茫时代的"企业"重获新生的旗号，开始问诊，开始手术……等醒悟过来，"企业"已经被抽干了血液，拔掉了筋骨。"企业"的核心中没有了人，只留下了空洞。

再次回到原点，"企业"并不是为了竞争而诞生的。最为勉强的说法也只不过是：为了实现梦想，为了体现志向，不得不参与竞争。这一点绝不可逆。即便是每天被竞争所捉弄，被暴露在失败了就会死的绝境，那也是因为有了追求。这样的关系在不知不觉中被本末颠倒，这简直就是恶魔的行径。

"企业家"必须要从恶魔手中抢回"经营"。

面对崭新的时代，"企业家"肯定需要改变，但不是说其该改变的方向就是成为一名符合"竞争世界观"的技术技能工作者。如果单纯是为了达到这个目的，那完全可以借力于优秀的技术技能工作者们。

"企业家"有那些只有"企业家"才能完成的工作，一言概之，那就是："企业"追求的"价值"，"企业"体现的梦想和志向的担当。这里所说的"价值"并不是"数量"，而是作为人类的营生行为的"企业"向其所属的社会、时代提示并体现其创造的独自①的"价值"。说得极端一点,决定什么是"价值",才是"企业家"的工作,而追求由他人决定的"价值"绝不是"企业家"的工作。

作为人类,"企业家"通过"actuality"(实际感觉、手触摸的感觉)面对现实,展开思考,这本就应该是多元化的。所有的"企业"都有着作为原点(起点)的思考,都有着为实现梦想全力以赴的人们的努力,都有着来自支持这种思考的人们的情义,都有着在这段历史中所创造出的独自的产品和服务,都有着构建起来的与客户之间的关系和信用,到了现在,"企业"中还是有着在这里工作的每一个"员工"的思考、能力和诉求,更有着这么多相关人员的人生和生活……所有的这些,原本都应该是个别的、个性的。最重要的是:"企业"是在企划面向社会如何创造出至今为止没有的新的"价值"中诞生的。从"企业"产生的由来来看,它本来就是一种社会性的存在。从这个意义上来说,"企业"是:广泛参与的一个又一个人的"价值"的结合。不管在什么时候,"企业家"都应该是创造性的营生行为的主体,整合这些迥异的"价值",在遍视全体的基础上,用整合性的实感对"何为善"进行价值判断、实践。

引领这样的作为个别化、个性化的人类营生行为的"企业",一边需要归拢多元化的"价值",一边还要完成其社会使命。如

---

① 原文多次使用"独自"这两个字,并搭配"价值""思想""产品""服务"等,其意为独特的、自有的,鉴于在本书中频繁出现,将其作为本书的专门用语加以保留。

果要问这样的"企业家"不可或缺的东西是什么,那么回答只可能是"常识性感觉"(common sense)。脚踏实地地、人性化地、统合性地去观察,去判断,这也是"企业家"原本就应该秉持的自然的感觉。

直面被誉为"划时代的经营环境的激变"这一严峻的现实(reality),所谓"经营行为实感(actuality)的丧失",只能够被解释为"常识性感觉"已经麻痹了。如果真是这样,那也就见怪不怪了。当然,既然已经这样了,那么类似要强有力地引领自己的"企业"奔向既定"方向"的努力,也就无从谈起了。

对人类来说,健康肯定是非常重要的,但是健康并不能代替人生。站在人生的视角上,健康只不过是其中的一个重要条件。"企业"也是一样!正如人会思考"活着是为什么?""一生中应该做些什么?"各个"企业"也会思考其存在的理由:"为何而诞生?""应该朝什么方向去努力?"原本,"企业家"担负的应该是相对于人类而言类似人生的部分,而不仅仅是身体的健康。

现在街头巷尾的"咨询业者"所提示的从"竞争性的世界观"视点引发的"企业"诊断,只不过是局限于诸如"有没有竞争力""有没有收益性"之类的戴着有色眼镜审视出来的所谓标准化的结果,其设定的共同的尺度也仅仅是一刀切式的成绩比较。所谓资本市场中投资家所追捧的许多指标也是如此。显而易见,在这样的标准面前,"企业"也不会被看作是个别的、个性的存在。就像人类的体检那样,这些所谓"个的要素"反而是要被排除的对象。所谓诊断也无非就是这样。

但是，作为被诊断的一方，因为丧失了"常识性的感觉"，对于什么是重要的、应该重视什么、什么才是自身的"价值"的认知已经开始动摇，甚至连"如何接受诊断"的判断都无法确定。其结果就是，"企业"只能够依从着诊断的标准，努力提升诊断评价，而这也成了唯一重要的行动指针，走上了一条不归之路。就像那些信奉"只要在学校取得优异成绩就可以考进重点高中，从而考进名牌大学，美好的人生就此开启"的学生和家长们那样；就像那些满口"不管怎样，我就是要出人头地，就是要去影响社会"的失去理智的年轻人那样；就像那些把"健康比人生更重要"之类的玩笑话一本正经地认真思考的成年人那样……

但是，如果在这样的"企业家"的领导下，还会有具备能力和激情的人才、合作伙伴聚集到一起吗？还会有富有洞察力的投资家来投资吗？还能够培育出优秀的"企业"吗？当然，也确实存在一种夸张的说法，即：如果成绩好，更加直白地说如果能够赚钱，上述这些都会自然地汇聚到身边，变成一家优秀的"企业"。但是，这已经是本末倒置了！成绩变好只可能是成为"优秀企业"后带来的结果。而这样的思考逻辑，才是真正的"常识性的感觉"（common sense）。

但是，在体检中，的确有时候会检查出癌症、梗阻等直接威胁生命的病灶，这在人生中也会突然成为最重要、最紧急的事情。"企业"也是一样。泡沫经济崩溃后的日本"企业"就长期处于这样的状态。这也无疑就是"企业家"的"常识性的感觉"被麻痹的阶段。恶魔正是捕捉到了这个契机，带着"竞争性的世界观",悄无声息地潜入了"企业家"的意识,就像面对濒临死亡的患者反反复复强调延续生命的重要性的医生那样……

结果,苟延残喘活下来的"企业",即便是保住了性命,但再也找不回作为主体的人生。就算是之后经过了二十年、三十年的现今,这些"企业"还留有余命,但已经失去了生命的气息,作为主体的意识更是被连根拔起,只是为了提高成绩而活着,如果无法提升成绩,活着的意义也会被否定——死亡,沦落为仅仅是为了成绩而生存的存在。经历了这样的时代,"企业家"自身的头脑已经不再是能够思考"人生"的头脑,而是堕落成了只会思考"健康"的头脑。

更为可悲的是:这些"企业家"已经从根本上被改造了自己的工作感觉。不单单是思考本身,就连思考的逻辑方式也被篡改了。不得不承认,这种把目的和手段混淆颠倒、偷换概念的恶魔的手法,着实巧妙、着实难缠,竟然成功地将"企业家"的视野和思考囚牢在狭隘的诊断世界之中。在花言巧语中,在不知不觉中,腐蚀"企业家"的认知和思考,并达到支配的目的。如果不是自发地、细微地观察这些言语背后的深意,实在是太容易被这些看上去一本正经的理论所蒙骗。而一旦在认知层面遭受侵蚀,并在思考逻辑中生根发芽,再想解开"恶魔的诅咒"那就是比登天还难。

坊间的经营咨询业者这一种群,从结果而言,已经成为恶魔的爪牙,并繁衍开来。从表面上看,这些人的理论展开,多是简单明了,甚至是明快的。但是其论理,就像是很多医生那样,并不是为了人生而展开的论理，而是为了延长生命而展开的。正如"新冠"疫情在日本的肆虐中大家所明白的道理一样，当为了延续眼前的生命的医生论理去操纵社会的时候，就会出现像揪住老虎尾巴甩动老虎躯体般的光景，完全是本末倒置。究其根本，在医生和咨询业者的论理中，根本不可能理解："人"也好，"企业"也罢，各自都有着"比生存更加重要的东西"，尽管这本也是不言而喻的常识。所谓合理性，是针对目的的合理性，也就是意味着目的本身的合理性。对于目的，他们（医生和咨询业者）极端地、毫不犹豫地、武断地对自己设想的目的的绝对普遍性深信不疑。而在那些思考逻辑被置换的"企业家"们的头脑中，"用自己的志向和信念构建起来的事业去挣钱"已经被篡改成"做什么都可以挑一个可以挣钱的事业来做"。这也被定义为"经营"，竟然还主宰了"企业家"的头脑。而对其有丝毫怀疑都不被允许，甚至已经超出可以被理解的范畴。

这是多么难缠、麻烦的事情啊！

要想唤醒已经被麻痹的"常识性的感觉"，找回真正的"经营"，那就必须在已经被恶魔阴影笼罩的"企业"中，将迷宫般的言语，一个一个抽丝剥茧，揭开其虚伪的面纱。

"迷宫"的经营词典

战略

所谓"战略",不言而喻,就是为了打败敌人,谋略该如何作战。

当然,这种谋略并不是无端的思量。

在企业战略论中,这种谋略应该怎样规划(或者说要满足什么样的条件),才能使其成为更加确实可行,也就成为必然的课题。

作为条件,简单来说,首先会被归结于三点:(1)与敌对方相比,在作为争斗焦点的决定性要素上应该占据优势,也就是说拥有对方无法模仿的强项;(2)这种优势并非临时性的优势,而是具有持久性的,明天就有可能失去的优势显然不在其列;(3)反过来,这种优势应该通过争斗,不断被累积,不断被强化,换而言之,这种优势应该拥有"通过争斗,今天的差距会在明天被继续扩大"的性质。如果可以满足上述三个条件,那么事业的基础就会非常扎实。相反,如果无法满足上述条件,即便是在争斗中胜出也只是"偶然的侥幸"。就算是在今天胜出,也无法保证明天的胜利。

而作为"战略"的基本条件,在经营学的理论中被归纳如下。

根据严密的定义,所谓确实的"战略"是指:就像水从高处流向低处那样遵从物理原理般,能够在争斗中引领夺取确实的胜利(甚至可以说是不言自明的胜利)的东西。而在敌对方看来,这也意味着"就算知道,也无法颠覆"的绝对性的不利。

这样的思考,无论是对胜利方还是对失败方,从某种意义上来说都会带来一种革新。

于是人们开始探索一种可能性:在日常的非输即赢的赌博式争斗的世界里,不为偶发性的因素所左右的所谓必胜的理论、胜利方程式到底是否存在?即便是无法描绘出这种绝对性胜利的"战略",至少使用"战略"式的考量,对那些在计划中明显不符合逻辑的部分、很难作为成功依据的部分、一厢情愿的武断的部分开始判断。从这个意义上来说,"战略"式考量的灵活使用在实践中有利之处应该是:不苛求绘制必胜的决定性的"战略",至少纠正那些过于乐观的想法,不去参与那些明知无法获胜的争斗。正如松浦静山①所言,"在胜利中一定会有不可思议的胜利,而在失败中一定不会有不可思议的失败"。

但是,这样的论理整理,只能够停留在企业竞争胜败的事后分析,或者说是停留在为了理解决定性理论的静态分析之上。如

---

① 松浦静山:又名松浦清,日本江户时代后期,平户藩第九代藩主,散文家,有财政改革、设立藩校维新馆等政绩,著有散文集《甲子夜话》等。

果想向世人提示原本应该在争斗开始之前就应该存在的"战略"，并用合理的解释来说明其在结果上起到了决定性的作用，那最难的地方就在于胜负早在决战之前已经有了分晓，因为，"你已经死了"这样的台词，只会出现在电影的世界里。

在现实经营的世界里的感觉，当然不是这样。不管在哪里，经营都是在不完整的信息和不确定的环境、状况下所作出的决策。在日新月异的变化中，前提条件也在不断发生变化，而经营也只能够是机动的判断的延续。所以，"战略"也只能够是像水面那样，在流动的、充满不确定性的前提下勾勒出来。

现今，每天泛滥着"在哪里有什么样的机遇"之类的信息，如果能够捷足先登，那自然是一大壮举。这也是一种现实中的感觉。即便是像战国时代的武将织田信长[1]那样，能够巧妙地利用信息战在桶狭间战役[2]中用奇袭战大获全胜，那也离不开着力培养商业发展贸易而带来的强大的经济实力，更离不开他率先对先进武器、战术独具慧眼，并大力发展的功劳。尽管这些在事后的战略论中也不是不能够解释，但是在现实中，所有这些都存在于流逝的不断变化的环境之中，是因为有了活生生的竞争对手才会出现的历史产物。所以，战略论与历史学（经营史）之间，根本无法明确地划分。

---

[1] 织田信长：日本战国时代、安土时代的武将。织田信秀次子，在桶狭间战役中击败了今川义元，消灭了美浓地区的斋藤氏。1568 年拥立足利义昭入主京都（上洛），1573 年推翻了足利义昭幕府，之后建造了安土城，并采取一系列措施征服了日本的其他地区，在京都本能寺遭到明智光秀袭击后自杀。
[2] 桶狭间战役：1560 年，织田信长在桶狭间地区突袭（拥有优势兵力的）今川义元，将后者击败杀死。

如果按照这样的思路，就会惊奇地发现：现代的企业居然能够在事先将其所谓"战略"大张旗鼓地发表公布。这也就在一定程度上诠释了在企业经营中对"战略"的一般性理解。

我们不得不想一想，在这个世界上，有没有在战争之前就将自己的谋略广而告之的人？有没有面向敌人公开宣扬"我用这个方法和你们作战"的人？如果真有这样认真的发布，那是不是欺诈对手的阴谋？还是真的拥有了正如前文所述的，"就算让你知道，也无法颠覆"的绝对性的必胜战略？

实际上，很多企业发表的起名为"战略"的东西，就其在战前对外所发表这件事情本身而言，已经告知世人这些并不是真正的"战略"。这一点，只要认真地分析一下就能够明白。在这些内容中，有的是：我们公司想做这样的事情的希望，我们公司想达成这样的目的的意向声明，以及大概可以达到怎样的目标值的乐观推测。

原本，应该公开的是为什么我们可以做到这些，为什么我们会比竞争对手更加优秀并成为独特的存在之类的理由和根据。而实际上这些基本上都是不被允许公开的。毫无疑问，获取市场份额的百分之几，这本身并不是战略。在这个行业中获得市场份额在竞争中有着什么样的意义，该如何获取市场份额，获取这些市场份额的根据在哪里……这些论理才应该是"战略"探讨的问题，但是现在只剩下了单纯的希望，充其量也不过是一个表态。就这样的东西，其实发不发表也无所谓。而真正重要的东西应该还是被隐藏在了企业内部。

这里再整理一下，在企业经营中，"战略"成为脍炙人口的用语也就是最近三十年之间的事情。"战略"也没有被刻意地与"方针""计划""施策"等用语区别使用。的确，无论什么加上了"战略"的后缀之后，至少听起来会有思考的味道。但是，实际上，被加上"战略"的文件本身并不会有"战略"的思考。事实上，被普及的并不是"战略"的概念，而仅仅是"战略"这个单词。如果是在实际的战争中，究竟会有怎样的结局，实在是令人胆寒。这不就和第二次世界大战时期日本的"南进战略"一样幼稚吗？

那么，对于企业经营而言，"战略"到底是什么？

或者说，日常中被诟病毫无"战略"的企业家，到底欠缺了什么？

之前，就曾经听到过一些参与过 MBO[①] 上市公司的企业家们不经意间流露出的令人印象深刻的感叹。

有一位企业家就说过："为了推进今后想构建的大型事业，在一定程度上牺牲眼前的业绩也是没有办法的事情，但是我不愿意为了让大家得以信服，而向市场、向竞争对手仔细地去说明我们的战略。"另一位企业家也曾难以释怀地说过："我所思考的构想，即便是向投资家作出了说明，也很难被理解。"单纯地从字

---

① MBO：management buy-out 的缩写，意为管理层收购，主要是指公司的经理层利用借贷所融资本或股权交易收购本公司的一种行为。通过收购使企业的经营者变成企业的所有者。由于管理层收购在激励内部人员积极性、降低代理成本、改善企业经营状况等方面起到了积极作用，因此成为 20 世纪 70—80 年代流行于欧美国家的一种企业收购方式。

面上去理解，这样的言论可能被定性为企业家的独断专行，但是，仔细想想就会发现，这些企业家通过 MBO，其实是把巨大的风险揽给了自己。

实际上，如果能够深入他们的构想，仔细聆听，就会发现：那是在漫长的时间轴中对市场潮流的俯视，是当时的业界未曾有人思考的崭新事业的进化，是从头至尾极具一贯性的逻辑。

既然是要描绘将来的蓝图，不确定的因素、模糊的部分肯定也包含其中。但是，最重要的是在这些构想之中，充满了这些企业家的自信。如果不是这样，他们是不会赌上身家性命的。

既然迈出了 MBO 这一步，那一定就是特别重大的节点。但是，他们在这一时间节点上所提出的自己的构想，并命名为"战略"，从某种意义上来说，应该是企业经营中真正的"战略"的本质性体现。

正如前文所述，面向世人的作为战略论的分析，原本都是事后的。从某种意义上来说，为其梳理逻辑是历史学家（或者说经营学家）的工作。反之，在事前的阶段，在眼前进行中的历史时间中所设定的面向未来的构想，换而言之，作为"如果这样做会做得更好"的行动假设，应该是隐藏在企业内部的东西。

事后的论理性的说明，只是在事前所作出的从过去走向未来的现实历史时间中的假设而已。如果说假设这个单词含有贬义，那么替换成前文所述的（通过战略性思考而得出的）"构想"也不是不可以。如果使用"假设的构建能力"这样的词汇，就变成了普通员工层面的语言，所以，在企业家的层面，使用"构想能力"就变得更为贴切。当然，支撑起这种"构想能力"的一定是"确信"和"意志"。

事后被分析说明的"战略"与现实时间中事先"构想"出来的"战略"之间根本性的不同是：前者是通过被广为人知的简单明了的论理加以说明的，而后者是未知的、面向带有复杂的可能性的将来的假设，从根本上来说是难以被理解的。虽然这是显而易见的事情，但就是在这件不言而明的事情上，却出现了认知的壕沟，难以置信地无法逾越。

如果，面向未来的假设能够在深深扎根于业界、市场的现实中的大局观之中，被丰富的想象力所支撑，被反复推敲，最终形成了独特的见解，那么它一定是常人难以理解的。越是优秀的"战略"，应该越是难以被理解。前文中所提到的企业家难以释怀的"难以诠释"，应该就是指这样的情况。

"真相应该是简单的""反复思考得到的结论应该是谁都可以理解的"之类的言论，应该是出现在前者的事后整理的维度的情况之中。如果，作为优秀的未来构想的"战略"能够简单明了，那么就应该会出现更多同样思考的人。对于这些人而言，一定会在不经意间拍打膝盖，情不自禁地连呼"就是这样""快哉"！

说到底，"战略"其实本该是难以说明的东西。或者说，正是因为难以说明、难以理解，才是"战略"。所谓简单明了的"战略"，其实是言语上的自相矛盾。

如果非要出现"为了说明'战略'而不得不疲于'战略'的总结"这样的状况，那才是滑天下之大稽，因为企业家的工作并不是做说明的工作。如果需要说明，事后有的是机会。

上述观点可能会被质疑，那只不过是极端的说法。但是，想要去说明一件事情，或者说想要能够去说明一件事情，这本身就会将思考局限于眼前的事物，甚至使人担忧会把"战略"压缩在短期的充满确实性的世界里。从这个意义上来说，就不难理解了。当前所谓被发表的"战略"，基本上都是眼前的信息数据的分析、目前课题的整理、明天的行动计划，甚至已经堕落为一些毋庸置疑的单纯的事项罗列。但是，能够说明一件事情本身和不需要特殊的说明（自明），本来就是大抵同义。所谓经营的说明责任之类的概念，加上那些被曲解的理解和过分解读，已经将"战略"贬低得越来越卑微。

但是，一旦割舍了这些所谓说明，那一定会被再度追问：在企业家的头脑中深深地勾勒出来的战略性（用战略性思考而得到的）"构想"，到底还有多少。作为企业家，必须是对这个企业的战略性"构想"的深度有着最敏锐的洞察之人。有时候，那甚至是完全无人可以理解的。如果说他人无法理解正是这种深奥的佐证的话，那不也是一件好事吗？换而言之，明者自明，至于到底是理解了什么，那肯定不是"构想"内容的明细，而是能够明白哪些是真正的深思熟虑的结果，哪些只不过是随性而至的想法（准确地说就是没有认真思考）。这当然不会仅仅是对"构想"的评判，而是对"构想者"的评判。作为企业家最应该警觉的也应该就是这一点。

员工也好，关联交易方也好，投资家也好，实际上都将宝押在了这一点上。当然,这不是人品的问题,而是作为"构想者"的器量;这也不是气宇轩昂的威严,而是洞察真实的眼力。

所谓"战略",不言而喻,是为了获胜的谋略。

但是,想去做一件莫名其妙的事情的时候才是真正需要"战略"的时候,如果仅仅是为了完成确定的事情,那么只需要严谨的计算就足够了。

"战略"是能够洞察深邃的人去挑战从洞察中发现的东西,是这种挑战的"意志"和"信念"的产物。没有"意志"就没有"战略"。没有了"信念"的深度,也就不可能有优秀的"战略"的诞生。

市场

不知从何时开始，看到"市场"这两个字，就会毫不犹豫地读成"SHIJOU"（日语音读的读法），而不是"ICHIBA"（日语训读的读法）[①]。

一方面，所谓"市场"（SHIJOU），到底是什么？这倒是一个貌似理解却又无法明确说明的单词。当我们很自然地提到"把握市场""市场的分割""倾听市场的声音""参与市场""在市场竞争中胜出"等语句的时候，这个"市场"到底是指什么？是指产品领域的，还是指产品交易量（金额），还是指顾客或是顾客的需求，还是指同业者群？当然，我们可以把"市场"看作是这些概念的统称，是一个抽象的概念，但不得不说这个"市场"并不是一个显而易见的存在。

很显然，这个概念来源于经济学领域的"市场"概念。通过供需曲线和市场价格的媒介，引导供给与需求之间的平衡，也就

[①] 在日语中，"市场"按照音读解释为市场经济的市场，而按照训读解释为农贸市场的市场。前者泛指宏观的环境，而后者则是指具体的功能性的一块区域。

是市场机制中的"市场"。我想亚当·斯密本人并没有主张到那么烦琐的细节，但是之后的历史俨然对"看不见的手"予以了绝对的信奉，并使其成为市场原理主义思想的源泉。这里并不想讨论市场原理的功过是非，但是毫无疑问，从市场原理主义中创造出来的"市场"这一抽象概念在不断膨胀，并在不知不觉中无意识地浸润了我们的头脑，甚至已经镂刻在那里。

另一方面，我们在漫长的历史和生活中所熟知的"市场"（ICHIBA）则是繁杂的物品交换的实实在在的场所。

试想一下从筑地搬迁到丰洲的水产市场[①]。那里是日本全国各地上岸的水产品物流的交叉点，而且是全日本众多交叉点中最为中心的交叉点。如果去实地考察过就会知道，在那里真的有各种各样的水产品，而且随着季节的变化、气候的变化，不断变更着模样展开交易。对于非专业人士而言，那里充满着令人眼花缭乱的多样性，也因此赋予了"市场"（ICHIBA）特有的繁盛。在那里，只能够用杂而多来形容的各种各样的物品经过"交通梳理"（各类批发交易）流向日本的全国各地。虽然杂而多却依然井然有序的这个庞然大物，应该给来访的外国人带去惊愕的同时也深深地留在了他们的记忆之中。

那么，在那样的场所中所展开的活动又究竟是什么呢？

如果看了举世闻名的金枪鱼的拍卖会，可能会情不自禁地联想到，这不就是经济学中所说的市场价格决定机制吗？实际上，

[①] 筑地市场：曾经位于日本东京都中央区筑地的公设批发市场。2015 年开始，逐渐搬迁至新开发的丰洲市场，后于 2018 年最终关闭。

不管是金枪鱼还是竹䇲鱼、马鲛鱼之类的普通大众消费型的鱼类，在那里所展开的定价活动都会变成一个指标，制衡着全国的捕鱼收获量和出货量，起到了通过价格的调控对供给与需求总量进行调整的重要作用。但是，如果仅仅是为了这个目的，也不一定需要那么巨大的、繁杂的，甚至有些蠢笨的"市场"（ICHIBA）。

仔细想想，说是金枪鱼，但是汇聚到此的金枪鱼应该并不相同，极端地说，所有的金枪鱼应该都是不一样的。各自迥异的金枪鱼被赋予了价格这个指标，有的进了高级的餐饮店，有的进了社区的餐饮店，有的进了高级的零售店，有的进了社区的贩鱼店，还有的进了生产盒饭的厂商……根据需求，不同种类的金枪鱼被分类搬送到了适合各自的地方。从普通大众消费型的鱼类到稀少的海鲜，各式各样的水产品通过相同的方式被分类运往适合各自的场所。

这样看的话，以如此巨大的丰洲"市场"（ICHIBA）为顶点的全国市场，或者说构成这个巨大市场的大型批发商，与他们联动的中介批发商，即所谓流通机构整体所起到的作用，应该就是将杂而多的各种各样的物品，通过巧妙的"交通梳理"，逐一连接到杂而多的各式各样的需求方。

持有固定销售物品的销售方，为了找寻固定的购买方会在那里开设店铺。购买方为了寻找固定的销售方、固定的购买物品，也会聚集到"市场"（ICHIBA）。"市场"（ICHIBA）的起源，可以说是双方发现彼此的相遇的场所。原本的"市场"（ICHIBA）所开展的活动应该就是这样复杂而又精妙的相遇的创造，是销售方与购买方的创造性的结合。

新的发现和新的相遇会促成新的经济价值在那里诞生。借用 P. F. 德鲁克的名言"企业的宗旨是创造顾客"("Create a customer")①，企业活动的原点、舞台就应该在那里。在企业看来，那里是：与未知的客户相遇，了解客户的需求，作出回应并创造出未知的新的交易的创造性场所。那才是被称为"市场"（ICHIBA）的机构原本应该起到的作用。

"市场"（SHIJOU）机制是：与机械装置一样遵循物理法则运动的，是类似于"市场"（ICHIBA）这样的机构能够顺畅运行的法则。假如，拥有同样商品的大量的销售方和拥有同样商品需求的大量的购买方同时存在，那么根据两者的需求供给总量就可以决定价格。比如以前的堂岛的"米会所"②，现在是谷物、石油、矿物等单一商品的交易所，用它来打个比方，这样的法则在一定程度上就变得比较简单。换个比喻，就像是为了将物理法则可视化而得以确认的理科实验室的实验装置那样。在如此特殊的纯粹的地方，以抽象化形态出现的法则就实现可视化，既可以对之进行观察，也可以确认。

但是，在走出实验室的现实的世界里，"市场"（ICHIBA）这个充满多样性和复杂性的装置所能够起到的功能和作用与"市

---

① "企业的宗旨是创造顾客"：出自德鲁克《管理学思想精要》一书。作者彼得·德鲁克，美国经营学学者，著作包括《公司的概念》《管理的实践》和《断层时代》等。
② 堂岛的"米会所"：1876 年以株式会社形式在大阪堂岛成立的米谷交易所，继承了元禄时代以来政府许可制度的大米市场，开展粮食的现货交易和期货交易。1939 年因实行主食配给制而解散。

场"(SHIJOU)机制的法则之间,原本就不该是在同一个维度上讨论的话题。就像汽车这个装置是遵循物理法则运动的,但是汽车的目的和效用并不能够用物理法则来说明。尽管如此,同样是"市场"这个词语通过两种不同读音的切换,在我们的头脑中,已经被抽象化的"市场"(SHIJOU)机制所贯彻、所支配。我们都陷入了只有实验室那样的空间才是"市场"(SHIJOU)的陷阱。但是,在现实中,那样的空间在实验室之外并不存在。当被问及"市场"(SHIJOU)是什么的时候大都难以回答的根本原因也正在于此。

想象和思考的齿轮就是这样开始了狂飙。

在常识中,作为依靠我们头脑的能力所制造出来的假想空间的"市场",必然是单一商品的市场。不管怎么说,如果不是这样,需求量、供给量,还有作为结果的价格决定都无法定义。在这单一商品的领域,针对品质、成本、流通和交货期限(QCD),销售方展开竞争;而购买方会通过根据其结果进行筛选的过程走上最终决战的舞台,作出最后的选择。单一的同一决战场上陈列的不仅仅是商品,企业自身也从一开始就和其他同业者一起成为被类型化的"市场"参与者中的一员。这也就是作为假想空间的"市场"的世界。事关生死的价格战略、差别化战略,其实都是在这个决战场上的话题。这里也成为决定胜负的游戏场。企业也产生了这样的错觉:企业就是参加这场游戏的一个玩家。

于是,在作为假想空间的"市场"的枷锁中,企业刻意地将自己置身于"金网死亡游戏"① 中开始了搏斗。很多企业家，甚至连这样的自我觉悟都没有，就陷入了泥潭。这也就难怪很多企业的战略策划书都是采用以"市场分析"开篇，"竞争力"分析随后的固定模式。由脑内既定的"市场"枷锁中所决定的"金网死亡游戏"的战斗成为宿命，而选择这一宿命的也正是这些企业自己。

"市场"性思考的弊端，首先是把一切单一化、同一化，并以此为起点开始思考。作为交换，大脑也被清空。被消除的正是诸如"市场"（ICHIBA）中蕴藏的丰饶多样的复杂。"市场"（ICHIBA）仿佛是云山雾罩的森林，蕴含着无限的未知和可能性，对企业家而言，新发现和新思考的源泉大多沉睡在"市场"（ICHIBA）的丰饶、多样和复杂之中，但往往被抛弃、无视。

"市场"原本就不应该是囚困于牢笼之中的，正如现实中的"市场"（ICHIBA）那样，可以自由行走，或者说是一个狩猎场。可能解释为"Marketing"（市场营销）更能够准确地表达词义。一次又一次地对囚笼的竞争进行思考，是分析家、实业家的工作，说得极端一些，交给负责经营的职员或聘请咨询业者就可以。好的企业家大都是开动自己的五官，来回于"市场"之中。

企业家瞪大了眼睛关注的，并不是既定的封闭的"市场"空

---

① 金网死亡游戏：目前并无权威的中文解释，也没有特定的专业术语。其大意为：在限定的摔跤牢笼空间内进行格斗的死亡竞赛（Death Match），在少数情况下，牢笼顶部也被金属丝网封包。日本一般使用细网眼的铁丝网，而在美国则多使用粗网眼的钢管。具体规则和竞赛危险性，根据具体比赛性质决定。在本书中，该词用来形容被限定在固有空间内的内卷竞争。

间,而是潜在于可以无限扩张的森林中还没有进入自己视线的新的可能性。当然这并不是在自己的头脑中凭空遐想。给予企业家思考契机的正是原本的"市场"。如果要将它比喻成实在的"市场"(ICHIBA),那么就可能是在常去的店铺旁偶然发现的畅销产品;或者说,也可能是在不经意间听到的邻家的销售方与购买方的对话;还可能是偶尔撞见的不良商品处理的现场……在那里,到底看什么,正是每个企业家固有的才能和嗅觉。

不管是打破既成事业的躯壳,还是创造出新的事业,其原点都在于出现新的价值,在于如果这样做可以做得更好……也就是有着确实感受的发现性的直觉。这是与新的购买方相遇的机会的发现,是"顾客的创造",甚至夸大一些说,是"市场的创造"。

在那一瞬间,从世界中被最新切割出来的被"重新定义"的部分,对于那家企业来说,就是"市场"。那也应该是那家企业独自的、独创性的"市场"。

在探索新事业领域的时候,因为"市场"已经存在,"市场"规模很大,所以要分析"市场"需求,挑选适宜的"市场"区域,去参与"市场",在"市场"竞争中胜出……基于如是思考而着手的案例中,就从来没有听说过有成功的。在这之前,这样的联想甚至都很难达到参与市场的战略方案的要求。因为,顺序搞反了。并不是因为有了"市场",所以才开展事业。对于事业机会的独特洞察才能从无限的"市场"(ICHIBA)中总结出崭新的属于自己企业的"市场"。

即便是看似后发参与既有"市场"的情况,或者说企业内部原有事业的更新，甚至是新商品开发的情况，从本质上来说也是一样的。通常，获取成功，就是"重新定义"新的"市场"。

归根到底，一切还是取决于企业独自的视线、视角。其独自的"市场"观定义了这家企业的"市场"。从这个意义上来说，"市场"是独创性的。反过来说，任何一家企业都不存在所谓共通的"市场"。虽然在商品化的产品领域可能会有不同的意见，但是，在商品化产品的制造和销售事业中，决定其事业性格的"市场"的本质要素，已经转移到了商品化以外的部分。优秀的企业，应该是着眼于这些商品化以外的部分，持有其个性的固有的"市场"观。

再次回到最初的问题。

在把握市场规模时所说的市场，只不过是用另一种方式表达的是"既存产品的生产销售金额"。

市场细分化所说的"市场"，就是客户群。

倾听市场的声音中的"市场"，就是既存的客户，或者说是潜在的客户。

参与市场中的"市场"，就是事业项目的别称。

在市场竞争中胜出中的"市场"，其实就是同业者，或者类似行业者的群体。

从结果来看，我们都被"市场"这个单词牵着鼻子走。应该可以感悟到，作为一个概念，那是何等的空洞啊！被牵着鼻子团团转的结局，在那里也只能留下幻影。而这些幻影竟然变成了"金网死亡游戏"般的竞争战场。仔细思考一下，并不是因为有了"市场"所以才有了"竞争"。为了聚焦"竞争"并照亮它，所以才有必要有一个"市场"的概念。

企业家，必须从作为观念上的"市场"中走出去。"市场"内的诸多事务完全可以交给负责经营的员工，而企业家自身应该来往于"市场"（ICHIBA）之间，去狩猎新的机遇。在那里所诞生的发现性的直觉，就会成就明天的事业、明天的企业。这种才能感觉才是企业家真正的能力。

"市场"，原本就是企业独创性的东西。

其独自的"市场"观，才是这家企业之所以成为这家企业的核心所在。

价值

"价值"这个概念，经过历史的变迁，早就被抽去了脊梁。

在近年的口语中，这件东西有"价值感"之类的令人震惊的误用都已经出现。可能是作为类似"适中的价格感""极限价格感"这样的意思被使用，但是如果真的那样，应该使用"价值感"……但是，原本并没有这样的用法。最近的年轻人，甚至很自然地使用"拿出价值"之类的语言。但是，"价值"是拿不出来的。价值是被认可的东西。"价值"这个词语，真的被使用得太轻率了。

而其中最为难解的当属"企业价值"。

正如"价值观"这个词语所透露的，"价值"本来是主观的。一件东西的价值，应该是因人而异的。一件东西本身并不存在普遍性的价值，不同的人主观地赋予了它"价值"。对于我来说有价值的东西，对你来说可能是毫无价值的。任何一样东西都不存在绝对的价值。这本是不容置疑的。

那么，所谓"企业价值"到底是由谁来认可的呢？

细思极恐的是，这样的疑问本身竟然已经难觅踪迹。

我想，当一个企业家自身在说"想提升我们公司的企业价值"的时候，应该不会想到"由神决定的绝对普遍的企业价值"。从"股票的总市值""股东价值"这类概念开始，逐步引申出"企业价值"这样的概念，这种巧妙的构思足以让人产生这些错觉。一旦"企业价值"这个词语被使用开来，就连企业家也不得不看着被计算的数值，认定这些数字就是企业的"价值"了。

事实上并不限于这个例子，"'价值'并不是由主观意识来决定的，而是绝对普遍的，至少是非主观的，公平、公正、客观地被决定的东西"这样观点，在不知不觉中居然已经占据支配的地位。这当然也是通过"市场"机制，将原本个别的、单独的东西的"价值"，用"价格"这个统一的尺度，巧妙地变幻成了可以进行相互比较的东西。对此，我也只能感叹这样魔术般的手法。

价值观是多样的，是千差万别的，所以，"价值"也不应该是只用一把尺子就可以衡量的。如果，这是"市场"（ICHIBA）这样的宏观宇宙之所以存在的理由，那么作为模型一样的东西在被设定的"市场"（SHIJOU）这个微观宇宙的假想世界中，都会通过"价格"这个尺度被统一。由此而来的那个"价格"就成为"价值"的代名词，这样的错觉就很难被质疑。"市场"（SHIJOU）魔术实在是太可怕了。

但是，"价值"的概念被偷换成了共同的尺度之后，并没有仅仅停留在"价格"这个指标上。一旦被洗脑后，大脑回路的思考，就会习惯于把任何东西都通过共同的尺度去指标化，并以此为据去进行评价。评价企业价值的指标、评价业绩的指标、评价经营效率的指标、评价人事的指标……无暇一一列举。于是，"这些指标的计算值也就是评价"这样的错觉也就应运而生了。"依据共同的尺度（指标）的数值化可以客观地评价"这样的观点，在今天也已经不容置疑了。

产生如此错觉的陷阱，其实就在于"价值"和"测算"之间。

"做什么事情是有价值的呢"这样的"价值"判断和"到底做到了多少"这样的"测算"，毫无疑问是两件完全不同的事情。"测算"结果成为有意识的"价值"评价，这只可能出现在"测算"中使用的尺度能够正确地反映"价值"判断的情况。这里并不是测算精度的问题。问题的关键在于：是不是在测算想要测算的东西。是用什么样尺度的问题，对于你来说应该是"到底什么才是重要的"之类的"价值观"的问题。如果这一点能够被明确，那也就罢了，但是，不管是过去还是现在，究竟什么才是对我们来说真正的"价值"这样的议论一直被忽视，大家都只盯住如何高精度地"测算"这一点，甚至为之"杀"红了眼。

精确的"测算"，的确可以给人们留下这样的印象：任何人都能看懂，而且非常客观。从字面意思上来说，客观的'测算'的意义显然是正确的。但是，埋头于这样的指标"测算"中，就自然将"价值"判断的是非抛在了脑后，也自然会陷入"只要进行客观的'测算'，就可以得到客观的'价值'评价"的错觉之中，甚至，都感觉不到"客观的价值"中的言语矛盾和违和。只要是客观性的就是绝对性的,(主观上)承认了客观性的绝对性价值。这是多么荒谬的事情啊!

再次重申,"价值"原本就是主观性的东西。而能够使其变成客观性的只有"测算"。就像"价值"被"价格"偷换概念那样,"由谁来决定尺度,并以此为据得到的客观'测算'值",被巧妙地替换成了谜一般的"客观的绝对价值的评价"。企业的经营也走上了偏差值教育①的道路。

这样的错觉,对于企业家来说,有着非常深远的重要意义。

经营变成了单纯的"测算"对象,这就意味着判断"价值"的尺度是由外部来决定的。也就是说,放弃了主观。而放弃了主观,连同寄宿于主观之中的"通过自己思考的好的企业、好的经营"这样的"价值观",去遵循"由别人给出的好的企业的衡量尺度",只为了获取更好的得分而埋头苦干,其努力的结果被"测算",并被填写进通信记录里……企业居然堕落成了这样的存在。如果一定要说这就是企业治理的话,又是怎样的闹剧啊!要知道,企业家并不是仆人。

在企业内部,也是如此。

所谓人事评价,就是上司仅仅根据人事部门授予的尺度对部下(能力、业绩)进行尽量客观的"测算",并被强迫记忆,这样的评价才是最公平的。当然,如果这是自发的认知,也就算

---

① 偏差值教育:偏差值表示学术能力等测试结果与集体平均水平的偏差程度的数值。计算方式大致为:假设分数分布服从正态分布,将偏差除以标准差,乘以10,然后加上50。

了。毕竟，如果是自发的认知，那么就可以不受任何诟病地去回避评价责任。作为一个组织的负责人，没有体现任何价值观，换而言之，没有表现出对这个组织部门而言"什么是好的事情，应该朝什么方向努力"之类的任何主体"价值"，成为仅仅是遵照上级部门给予的数值指标，并为达成这些数值指标进行管理的人。这样的结局，只能够成为贬义的成果主义。像在"Project X"① 中登场的企业家们，已经变成了濒危物种。

在经营企划部门，情况也是一样，在不知不觉中，与各个事业部门之间，除了"测算"指标及其结果的数字，都没有了交换意见的言语。"因为用数字表示简单明了且非常明确"之说听上去合情合理，但是原本隐藏在这些数字背后的该有的内容却变成一片空白，也就失去了意义。连续不断地强调KPI②并对此依赖有加，往往都是坏的前兆。KPI是决定结果。从一开始就从KPI着手，等同于从一开始就将企业形骸化了。

如果值得仰仗的总经理也仅仅是像牧羊似的敲打着各个部门，一边吆喝着"好好放羊"，一边驱赶着羊群，那么这家企业中就没有一个人会对"价值"进行评价。面对这样的事态，很多人会想：要是羊群从结果上有所收获，取得了成绩，那不是挺好的吗？这样的思考，正说明此病的病根之深。

---

① Project X：全称是《Project X 挑战者们》（日语：プロジェクトX～挑戦者たち～），是日本NHK电视台制作的系列纪录片，聚焦大幅改变人们生活的新产品开发、令人难忘的社会事件、展现日本人民潜在力量的巨大工程、参与其中的"无名之人"的挑战及其成就，描绘不为人知的人间戏剧和成功事件背后的故事。
② KPI：关键绩效指标（英语"key performance indicators"的简称），又称主要绩效指标、重要绩效指标、绩效评核指标等，是用于监视业务绩效的任何可度量值。

在这样的企业里，没有一个人持有担当"价值"的主观，包括企业家在内的全体员工都只是"测算"者。"测算"者，只是"价值"的传话人。只有"测算"者的组织的神经回路，是只能够往返于被授予的"价值"尺度的传达（去程）和"测算"结果的汇报（回程）的不经思考的回路，而这种回路又直接与外部连接。对于这家企业而言的"价值"，就是"外部的人员说好，外部的人员认为有价值"。而这家企业也就变成只被"测算"的存在。

如果被说向右好那就走向右边，如果被说向左好那就走向左边，浮游在世界的潮流之中。如果说这是乘风逐浪，可能听上去会感觉好一些，反正是没有"我到底是谁"这样的主心骨。其结果就是：煞有其事地宣称"我们企业的事业选择基准就是赚不赚钱"，"我们企业的使命就是不断成长"。其中，连"主观"的影子都没有，"价值观"更是已经变得无色透明。但是，如果是这样的话，那就没有了这家企业作为这家企业的理由。换而言之，如果仅仅是为了这些指标，那么没有这家企业也可以。

正因如此，现今，能够让人感受到其独自的"价值观"的、有主心骨的企业已经非常稀少。

如果想没有任何摩擦就获得理解，那最简单的肯定是双方朝着无人质疑的既定的"价值观"靠拢。极力排除主观性的"价值"去遵从所有人都首肯的"价值"，这在当今所谓"说明责任"等言语泛滥的时代，对于企业家来说反倒是一种方便。

如果遵从世间的"价值"尺度，也就没有必要说明自己（自己的企业）为什么是自己（自己的企业）的理由，只要迎合"市场"，最后只需要承担"（业绩指标的）达成的责任"，只需要驱赶着企业前行就行了。要是达成了指标，自然还会有褒奖。

但是，企业也好，事业也罢，不应该是在世间不断探索自己信奉的、新的"价值"吗？事业是面向未来的创造性的挑战，是革新的尝试。赚钱只是其结果。一味地追求世间的"价值"尺度，"结果，做赚钱的事情"这类的想法，只能说是一种变态，一种假想着把历经创造、革新的企业活动的历史时钟倒拨回去的变态。现在，应该觉醒的是：自己已经深陷在这样的想法之中，企业家应该是提示新的"价值"的主观（主体），也就是说，之所以自己成为自己的权力正在从自己的手中被剥夺。

当然，这里并不是说，企业家就可以唯我独尊、凭空冥想地贸然突进。企业的存在，应该是有被社会需要的地方。一家企业"通过什么获取成功"，换而言之，"自己（自己的企业）到底是谁"，这原本应该是经得起社会考验的，这也是企业存在的理由。而体现这个企业"价值观"的人，就是企业家。说唯我独尊不好，并不是说可以丧失自我的意思。而在既成的"价值观"中的自由，也不是说不能持有自己的"价值观"。

一家企业提供了什么、改变了什么、为社会作出了怎样的贡献、创造出了怎样的客户、变成什么样的企业……在想成为什么样的企业、应该成为什么样的企业的思考中，"价值观"

才是真正的核心。在将"价值观"具体表现成形的活动中，在创造出来的产品服务的魅力中，带动对之产生共感并同步的利益相关者，也就是从顾客开始，到交易关联方、投资家、金融机构，还有员工、社会，一起发展成长，这才是事业。事业得以实现的结果，才是这家企业真正的"企业价值"，也可以说是其存在的意义。从一开始就躲避在数字之中，那只能说明这家企业"价值观"的匮乏。这也是企业家没有信心的表现。

所谓问信于世，就是通过提出自己思考的"价值"，反过来对外部的，或者说世间一般认可的"价值"进行质疑、完善的意思。企业，并不仅仅是排成一排接受世间业绩评价的低微存在。作为社会性的存在，企业通过自己提出的独自的"价值"问信于世，是主动地募集赞同者。而这将对所谓世间的"价值观"带去触动、带去变化。问信于世，就是在这样的维度中，作为拥有主观的主体的企业与社会开展的交流活动。当然，到处都可以获得广泛的赞同、接受也是不可能的。但是，反过来，根本没有这样的必要的说法，也正意味着"价值"是主观性的。其主观性的"价值"，哪怕是受到各种限制，也会召集到粉丝，召集到赞同的顾客，召集到人和钱。这就是事业，这就是企业。

这里，被要求的并不是追从"价值"来回奔跑的能力，而是：哪怕浮游于时势的奔流之中也能够凭借自己的意识去认定"价值"的能力，也就是不可撼动的主观。

如果只是遵从"大家都说好的东西就是好的东西"的原理

并随之而动的话，企业都不知道会漂流到哪里。回顾历史，获得成就的企业都是坚信自己认定的"价值"而毫不动摇的企业。当然，也是对坚信的"价值"不断挖掘的企业。在那些随波逐流被带走的企业看来，这些企业是被抛弃的，甚至被看作是突如其来的另类。但是，就算起初是孤单高冷，这些企业终究会成为改变世界"价值"的先锋。

从这个意义上来说，企业家的工作，并不是凭空捏造新奇的"价值"，而是对通过自己的思考而得到的"价值"的坚定不移。这样才能从毫无主观的漂流中守住企业。

越是没有愿景的企业家，越是经常把仅仅依靠别人决定的数值基准而决定的"企业价值"挂在口边。但是，这样的人，连自己去往何方都不知道，就像一个只会看潮流流向和风向的被雇佣来的船长。"随波逐流"，那根本就不是经营。

利益

所谓"利益",对日本人来说,原本称之为"御利益",也就是"利润"的意思。

据查,从明治时代开始,"利益"这两个字被用作于"profit"的翻译,但是按照原意,对应的英文应该是"benefit"才更为相近,是对于做成某件事情所带来的"恩惠"的意思。

在日本商家悠久的传统中,"做善(好)的工作,做善(好)的生意来为社会做贡献,那么就会得到老天爷的恩惠——利益",这样的思想经久不息。

放到现在,"销售额－费用＝利益"这样的考量已经变得人尽皆知(事实上,只是作为算式),原本作为结果出现的"利益",逐渐地也被视为"赚取利益""赚钱"的对象,看上去倒像是目的了。最终,演变成了"逆运算"的思考:"利益＝销售额－费用"。"利益"也就不再是作为结果的"恩惠",而是作为有意识地去"赚取"的东西,并成为企业经营的目的。而这,居然也被大家所信服了。

如果是在"卖出价－买进价＝利益（赚钱）"这个维度讨论的话，这倒也是难以置疑的恒等式，当然也是单纯的减法计算。低价买进高价卖出的话，就可以赚钱。买进价和卖出价之间的差额也就是所赚的钱。但是，在企业经营中，提到"销售额－费用＝利益"，就不得不说还是不一样的。"销售额"和"费用"这两个变数，从某种意义上来说，是事业活动的两面（正面和反面），也是被置于流动的时间中一个复杂"活动"（人为的营生行为）的结果（数字）。其背后，是一个秉持动态性格的方程式，具有复杂的结构性的时间性的因果关系。

就连《资本论》的作者马克思，也是在这个意义上，即便是对"商业资本"的论理非常清晰明了，但是到了"产业资本"，其论理就显得极为牵强。当然，马克思闯入了森林的深处并从中揭露了资本主义的本质，这一点毋庸置疑，但正是认真地解读了他所说的"利润"是如何诞生的、资本家是如何榨取的过程，才越发感觉到其中的牵强。这里姑且不论马克思理论的是非对错，在西方经济学中，并不是从企业家活动这样的人类行为的过程去开展讨论，只是用了"销售额－费用＝利益"这样的算式，就波澜不惊地被世人所接受。

事后对企业进行评论的分析家们，看着作为结果的"利益"，可能会开始这样的思考：为了增加"利益"是不是可以再提升"销售额"？是不是可以再削减些"费用"？但是，事业之所以成立，并不是从"利益"开始的。首先，如果没有销售也就不可能有后面的事情，这也是显而易见的事情。一个企业向世界提供和贡献的"价值"是这个企业的产品或服务,而创造产品和服务的意识才是企业的原点。承认这一点,也就是说"销售"的成立是企业的第一个"价值",这也是事业存在的意义所在。虽然,销售至上主义在今天已经被贬为一种恶,但是销售,也就是说"能够让顾客购买"本身就是企业的任务。在这个意义上,并没有错。经常听到这样的比喻:卖得再多,如果无视其盈利性那就变成了慈善事业。但如果是只要能赚钱什么都做,那肯定还不如慈善事业。"销售",首先应该是企业志向的"价值"的代名词。

为了创造出企业独自的"价值"而展开的创意工夫就是企业活动。为了创造出更大"价值"的努力,从某个方面来看,也会被看作是为了扩大"销售"的创意工夫;而在其相对面来看,也可以被看作是为了压低"费用"的创意工夫。这原本应该是一件事的两面,如果硬是要将正面和反面分解开来,那就看不清最重要的事情了。所谓"费用",是为了能够更低成本地生产更好的、更高品质的东西,为了用更好的方法交付到顾客手中,为了让顾客可以更好地使用。针对"费用"的创意功夫,其第一目的是为了顾客,并不是为了增加"利益"。所以,压低"费用"本身也是为了顾客所认可的"价值"创造。从为了增加"利益"而削减"费用"这样的想法出发,当然不可能创造出"价值"。

如果"利益"成为事业动机的出发点,那么,企业就成为获取"利益"的装置(机器)。在这个装置中被导入的是各种各样的经营资源（人、财、物），导出的就是"利益"。在投入经营资源之后，就会收取"利益"。证券交易所中企业作为"上市企业代码"被整齐排列的风景，正是这种情况的真实写照。

如果企业家仅仅是变成受委托去运营这台装置的操作人员的话，那么企业家的作用也仅限于最大限度地去导出"利益"。如果这个企业家真的具有对这台装置的机械构造进行改造的勇气，并且是一个富有创造性的设计师的话，那也还说得过去，但如果他是一个只会操作，偶尔对装置敲敲打打、摇来晃去，充其量是能加一点润滑油的操作人员的话……这已经不能被称作"经营"了。

从纯粹的经济理论出发，如果完全竞争被彻底执行，也就是出现"超额利润"已经完全消失的情况，那么，就会变成没有"利益"率高低之分（赚钱也好，不赚钱也好）的世界。现实中企业界、企业因不同而产生"利益"率的差别，那是因为还存在某些经营资源被独占（典型的就是稀缺的资源和知识、经验、知识产权等无形资产），通过某种固定化的法律法规、许可制度之类加以袒护的偏向性的交易关系和雇佣关系，而随之产生的固定的既得权益，以及经营战略理论所分析的规模性、经验储备之间的差距所导致的效率差异（做同样一件事情所产生的不同效率）等情况。作为"超额利润"的"利益"，就是这个意义的"边际"上的产物。经营论，把"始终在时间的推移中追求新生又消亡的'边际'"看作企业的宿命。在经营学中,这被称为"差别化";而在经济学中,又变成"差异"。也就是这样,从"利益"这个点出发的意识,都归根于"差",换而言之,是只能够在与其他人(其他企业)之间相对性的关系中捕捉到的东西。这也被称为"竞争"。但是,不管走了多远,那都是相对性的距离。这里的问题是,这不是与自己所定下的目标之间的距离,而是与竞争对手之间相对性的距离。如果,企业不能自己决定航海的目的地,也就是没有了自己决定的独自的"价值",那么航海用的指南针只能够显示与竞争对手之间的相对位置关系。也只有这种位置关系,作为决定"利益"的有无多少的要因,成为评判经营好坏的唯一的,也是最重要的事情。

  作为画龙点睛之笔,这里还不得不讨论一下"边际"。如果没头脑地去讨论"边际",那就像是在画一条龙、画一头狮子那样,从鼻子开始画,实在是本末倒置。如果是把经营类似事业的企业作为竞争对手来参考的话,应该还是有一定意义的。但是,如果是把原本拥有不同目标、不同"价值"的存在作为参考学习对象的话,其意义应该在方式方法上,而不是其剑指的目的地。如果没有了对后者的认知,那就仅仅是局限于在方式方法上开展竞争,诸如到底哪个更加省油、哪个跑得更快之类的竞争。连自己要去往何方都已忘却,只是埋头狂奔……那不是就像赛狗一样吗?在这样的企业家眼里,悬挂着作为数值目标的"利益",就像是悬吊在马前引导其前行的胡萝卜。

对于企业来说，或者对于企业家来说，从结果上来讲，"利益"到底是什么？

"销售额－费用"的"利益"，只不过是"账本的最末行"，是从"销售额"中减去"费用"后在账本的最后才出现的数字而已。"账本的最末行"，当然要前后一致，但是这个"账本的最末行"到底有什么意义，该如何去看，这原本是经营的问题。对于作为自己的企业固有的创造性的事业活动达成的结果所产生的"利益"，该如何看待？企业家在面对这个问题时必须有着坚定的见解、见识，因为眼力的深远程度才是成为企业家最好的证明。如果能够思考："利益"不是人为地去获取的，而是作为结果得到的，那么这样的企业家才是健全的。

在现代社会，"点睛"的工作通过街头巷尾的经营理论、技能、诀窍的梳理，已经成为优秀管理人员的工作。同时，"画龙"，也就是能够通过构想能力去发出指示，用梦想去表达企业想创造的、所憧憬的未来的企业家，真的实在太稀少了。但是，"利益"原本就是因"画龙"的实现而得到的报酬。如果是在"卖出价－买进价＝赚钱"的维度讨论的话，那么从"赚钱了""得利了"这样的意义上来说，称之为"利得"（获利）也就可以了。之所以要刻意地称之为"利益"，那是因为"利益"是企业开展事业活动的结果，是企业对顾客、对社会创造出来的"价值"所得到的来自顾客和社会的反馈。"益"原本是某个人授予另一个人的恩惠，与"他益""公益"是同一词源。

如此看来，企业家被要求的见解、见识，首先是自己想画的是龙还是狮子，想画的龙或者狮子到底是什么样子的，是不是一幅持有信念的素描……

如果这是创造性的，所描画的东西那必然是难以被他人理解的。之所以是这样，因为这些东西一般都还没有成型，但是一旦实现就一定可以创造出被社会认可的"价值"，而对此的坚定信念的背后一定有着强韧的意志支撑着。稍微夸大一些说，这应该是历史性的挑战。事业和事业赖以生存的企业，都应该是这样的存在。受托于其主体的企业的企业家所思考和联想的顺序千万不可搞错。

"利益"是结果。

企业家在没有得到理想的结果而左右徘徊之前，应该先问一问自己：自己的企业是不是已经成为利益的创出装置？自己是不是被这样的见解左右而作茧自缚、深陷泥潭？为了创造出自己企业固有的"价值"的自身的意志和构想是不是已经空虚？如果不思考这些问题，就算是得到了眼前一时的"利得"，那也不可能得到"利益"。当然，这样的意志和构想不可能完全缺失。但是，要将这样的意志和构想转化成确实的现实，需要日积月累的拼搏，更需要坚定的信念的投入。这种拼搏才是企业家的工作。

只是通过"逆运算"、调整作为"账本的最末行"的"利益"的数值来操控装置的企业家，从长远来看，没有成功的案例。在这之前，那样的企业在社会上根本就没有存在的意义。

成长

"成长",现在已经变成"神话"。

这并不是意味着:日本的经济成长期早在遥远的过去就已终焉。

而是指:类似于"在这样的时代里'成长'才是企业的使命"这样的思考,已经像强迫记忆那样,被深深地印刻在企业家意识的深层。

对于企业来说,"成长"到底是什么?

不能够成长的话,就无法回应股东的期待。不能够成长的话,员工的士气也无法提升。尽管面临各种各样的问题,但是成长会治愈一切。即便是经济整体的成长出现了停滞,但是因为各个企业的成长与之不同,企业始终以在竞争中胜出为目的并努力着。无法成长的企业,会被竞争对手超越,从而失去活力,最后走向死亡。无法带领企业成长的企业家不会获得好的评价。成长,才是企业家的动机,才是企业家的意义。

果真如此吗?

作为"成长"的后续概念,原本就有"成熟"。经济也有成长期之后接踵而至的成熟期。人类,也有幼儿期、青年期这样的成长期,之后步入成熟期,成为大人。这并不等同于单纯的"老化""老成"。过了很多年依然持有青年般精神的"成熟"了的大人,大有人在。这里所说的是原本的"成熟"。体格成长期结束了,人类就走出了"成长"期,步入"成熟"期。从这个意义上来说,"成熟"原本并不是一个消极的概念。

但是,如果不能够顺利地"成熟",那就会变成单纯的"停滞",或者说"未熟"。体形变大了但内心还是一个孩子,这种情况也存在。而且这样的大人在世间也不少,但与之相比,想到"成长和泡沫经济之后的日本整体陷入了'失去的三十年'是不是也只是'停滞'"的时候,却更加令人心寒。在小泉纯一郎执政的年代,听到过"没有结构改革就没有成长"的说法,其实,真正应该探讨的是"不能够成长也能够生存,应该如何改革"。之所以思考必须持续地"成长",那是因为没有"成熟"的概念,无法描绘"成熟"的样子。如果不能描绘"成熟"的样子,那么"成长"的终点只能堕落到黑暗的深渊。所以,在经济世界里,在经营世界里,"成熟"才被忌讳、被回避。既然"成熟"被忌讳、被回避,那么可以被紧紧抓住的也就只剩下了"体格的成长"。

有一次,我作为咨询方协助一家创业三百余年的"长寿"企业开展营业改革,那个企业家就对我说过:"你啊!企业的成长和企业的生存是不一样的啊!"不得不对他刮目相看的我,当时无法立即理解其真义，但是现在的我已经有了自己的解释。

少年时的疑惑之一，就是为什么奥特曼拥有和人类一样的体型。据说，奥特曼的身高有40米，如果身高是人类的20倍，那么表面积就会是400倍，体积就应该是8 000倍（学校里教的）。如果要支撑这样的体格，不光是骨头和肌肉的强度，估计身体的构造都应该会有巨大的变化。按理来说，不可能维持人类的体型。事实上，大象也好，猛犸象也罢，它们的四肢都是很粗壮的。这里也没有必要去讨论恐龙，从结果上来说，它们都没有能够变得更加巨大化。变大，当然是可能的，但是，与之相对应的失去的东西也应该加速度似的变得更多。这才是自然的规律。就算是要说"大的东西就是好的东西"，那也应该有一个限度。狮子不会变成大象那么大。任何一种生物的细胞繁殖都受到控制，在某一个节点上体格的成长会被踩下刹车。好像这样的功能是藏在细胞内的遗传基因里的。据说，被破坏了刹车功能无限制地繁殖的细胞，就是癌细胞。

对于社会整体来说，这也是一个难题。比如，在日本江户时代中期（18世纪）的100年，那是因人口减少而广为人知的世纪。现在大家都认为：当时的人口减少，并不是战争、灾害、瘟疫等外部力量所致，而是社会体系中自带的自我调节功能发挥了作用。打破这种自我调节机制的是19世纪后期从西方带来的产业革命，其带来的生产力使"可以被抚养的人口"得到了飞跃性增加。但是经过之后20世纪的成长期，在世纪末又出现了人口增长的停滞。当然这并不仅限于日本，所以就会很自然地联想到：应该还是社会体系或者生态体系中自带的某种自我抑制作用的结果。如果是在地球环境这个框架下去讨论可持续性的话，那就一定会关系到21世纪的社会形态。

那么，"企业"是什么？

如果把"企业"看作利润的参照物的话，那么肯定是变得越大越好。但是，如果将"企业"作为一个有机体去审视的话，一般来说，永远无限制地变大是不可能的。但是，人们还是会去思考，希望不断地变大。归根结底，并不是从"大有大的意义"出发去思考，而只是被强迫、被要求去"变大""不断变大"。

"企业如果不能持续变大就不行""股票价格如果不能持续上涨就不行"之类强迫性的概念居然为人们所深信不疑，甚至到了否定这样的观念就是否定自我的地步。事到如今，这种现象依然是非常奇怪的事情。

可能是被灌输了这样的思想：对于"企业"来说，停止了"成长"就是停滞，是患上了致死的疾病。但是，必须认识到：一个有机体有着适合自己的体量，想超过这个体量并永远持续膨胀的所谓"膨胀"的欲望才是真正的疾病。如果不持续地膨胀，是不是真的会死？或者说，真正意义上的"成长"是不是就是膨胀？

前面提到的创业300余年的企业，正是在江户时代中期人口缓慢减少的时代中诞生的。这家企业真的是凭借历史的经验自身体会到：变大并不是真正意义上的"成长"。仔细思考一下，"企业"的历史，实际上是自"成长"神话诞生时，从遥远的过去开始延续至今的。在应该扩张的时候扩张，在应该停滞的时候停滞。不能把企业变成膨胀游戏的道具。

用长远的眼光俯瞰，应该可以领会到："企业"这个有机体里有着时间的分层。

在"企业"里，到底有着多少层次的时间在流逝？偶尔，拿起眼前的产品的消费者成为"企业"忠实粉丝的客户，提供资材（原材料、零部件等）的供应商，共同研发的合作伙伴，投资的股东，对创造就业机会报以期待的企业所在地的社会，为谋求更大发展转职而来的员工，对将来抱有梦想的新员工……在这些因素中，从今天这一超短期到几十年的所谓长期，说得极端一点，有多少利益相关方，"企业"就能够看到多少各式各样的时间轴。其中，一边站在通览所有时间轴的维度上，同时又要兼顾其最基础的、最久远的时间维度的人，就是企业家。

这也是"企业"生存的时间维度。正因为如此，在其长远的时间轴上，才能够去判断：现在到底是该行动的时候，还是该停滞的时候。企业家的工作，是基于这样的判断，控制油门和刹车，绝对不是只看到眼前，连续不断地猛踩油门。

从企业家单纯的时间感觉来看，应该是能够凭直觉识别现在是处于什么时期的，不管是"该伸展的时候""该伸展脊背的时候""该行动的时候"这样的时期，还是"该顶住该撑住的时候""该屈身调整站姿的时候""该一动不动的时候"这样的时期。这也就是所谓经营感觉，这种感觉也是企业家所必备的资质。

"成长"对于企业这个有机体的生涯而言，就像是人生中反复经历的"季节"那样的存在。

记得以前有个客户企业的企业家为了将来的成果，在蛰伏的投资期间不断地尝试着新的事业，无意间流露出"这是为了给子孙们留下美好的田园啊"的感慨。这件事情一直令我记忆深刻。那家企业并不是私人企业，但是那个企业家居然使用了"子孙"这个词汇来表达，这究竟是为什么？虽然，事业传到哪一代才是终结，这是难以预料的，但是，"对于这个企业而言什么是好的事情"的价值判断，在"企业家"头脑内的时间轴上始终是和遥远的未来相关联的。这一点毋庸置疑。但是，现在，能够这样联想的企业家，到底还有多少？

这并不是"如果把将来的期待收益折叠起来重新摆放在现在的价值之中，就可以整合所有的时间轴"这样的话题。如果连这一点都不能够理解的话，那真是病得不轻。作为现在的价值，摆放在不同的时间轴上必然有着差异，那是因为看的人与他所站的立场不同。这里反复强调一下，问题在于对于（拥有不同时间轴的）某个人而言的"价值"。价值判断的时间轴之所以可以被无限展开，是因为与企业相关的人们持有各种各样层面的时间，以及在其根底里流逝的时间。各种各样的时间轴的价值被协调的同时，也是探求对企业来说什么是好事情的时间轴。"企业"这个有机体存活的时间，就是这样的维度的时间。

反过来说，我们必须注意到：从特定的立场切割出来的"体格的成长"只不过是被挑选出来的刹那间的价值观。从那个立场出发，"持续成长是重要的""如果不能够持续变化那就会死亡"等观点已经被"点燃"。如果说，站在希望企业持续膨胀的立场上，这些言论还算勉强适合时宜，但是，关键在于作为站在这一立场的人，膨胀过后到底留下的是田野还是荒山。说得极端一点，一定会有这样的人：在自己走后哪怕是只留下寸草不生的荒郊野岭，也不会去介意。

企业家，应该在把眼光投向各种各样时间轴上的期待和要求的同时，面向时间上开放的未来，带着"到底什么是现在对我们企业来说好的事情""现在到底是什么样的时期"这样的思考，连续不断地作出判断。其中，既有可以大展身手的时期，也有必须自我克制的时期，还会有为了将来的希望而锤炼的时期，当然还会有就是现在下定决心，就像跳下"清水舞台"①那样去挑战的时期。

眼前可见的"体格的成长"并不一定意味着作为"企业"真正的"成长"。作为企业真正的"成长"并不是变成"大企业"，而是在成为"善的企业（好的企业）"之路上前行。从这个意义上来说，原本这应该改成"转变"才更加贴切。

---

① 清水舞台：源自"从清水舞台跳下去"，这是一句日本谚语。据说若能从清水舞台跳下而没死，就能获得神明保佑，愿望成真，后来引申为破釜沉舟的决心。

在这一点上最有心得的应该是企业家自身。当然，这个企业家自己的眼睛不能被蒙蔽，也不能偏视、斜视。尽管这么说，那也不是从其他地方就可以得到的。能够超出特定的立场，通览所有的时间轴并作出判断，也只有企业家自己了。

自己的企业所剑指的"善的企业"，究竟是怎样的企业、该如何描绘，这是每个企业家各自的见识。引领以此为目标的企业，看准时机带动企业行动，有时驻足不前，有时为了将来播种，这些都顺理成章地依赖于企业家的直觉和手腕。如果欠缺了这些，只盯着眼前业绩的环比、眼前的销售额、利益这些所谓增长，那就会沦落到连心都被囚禁，只能够徘徊不前了。

一方面，我们所处的时代背景是地球环境问题日益严重，人们的价值观也发生着巨大的转变。另一方面，超高龄化和人口减少的加速也已成为现实。在这样的环境里，唯有"企业"还想着和以往一样继续信奉"体格的成长"。这也只能说是一种奇葩了。但是，究竟有多少人从心底对这样的情况质疑呢？一边在胸口佩戴着SDGs[①]徽章，一边冥顽不化地对"成长"战略滔滔不绝。每当看到这样的光景，我只能怀疑：他们是不是对于在这样的时代中的企业的真正"成长"具有见识和联想的转换？如果还是停留在"抓住这个契机，一跃成为主角，扩大事业去成长"这样的维度上思考的话，那么所谓重要的事情还

[①] SDGs：永续发展目标（英语"Sustainable Development Goals"的简称），是联合国的一系列目标，这些目标于2015年年底替换千年发展目标，从2016年一直持续到2030年。这一系列目标共有17项目标和169项细项目标。

是没有任何改变。如果是这样，那么从本质上来说，"企业"也没有得到"成长"。企业家，在这样的时代中，必须重新描绘自己的企业究竟是不是"善的企业"，必须深度思考在走向"善的企业"的道路上应该如何前行。在必要的时候，甚至要有积极的"缩小体格"的觉悟。如果那真的是出于为了自己的企业真正意义上"成长"的考量，那也是极好的。判断到底什么才是自己的"企业"的"成长"，还是企业家自身的工作。

"现在对于自己的'企业'而言是什么样的时期"，这是"企业"生存期间的时间维度上的经营判断。这也是，面向未来的长远的视线所能到达的"现在对于这个企业而言什么是好的事情"的判断。如果这个判断有着坚挺的脊梁的支撑，那么就应该比今天、明天的体格测量得到的大小数值更具强有力的说服力。

现在，正是再次质疑"企业"的"成长"观的最好时机。

企业

"企业"的成立

据说,"股份公司"的起源,是 1602 年成立的荷兰东印度公司。现在算来也是 400 年前的事情。作为从那时开始发展起来的制度——"股份公司",在之后的经济活动中得以急速发展。这也被看作人类划时代的发明之一。

在思考"企业"是什么的时候,首先应该提到的就是"股份公司"。

但是,在日本也有着创业超过千年的金刚组①之类的"企业",这也是广为人知的。如果说这是自飞鸟时代以来罕有的案例,那么拥有江户时代商家起源的"企业",比如换币商,和服、酿酒、药材等行业的"企业",身边也有很多。当然,这些"企业"并不可能一诞生就是"股份公司",是在明治以后遵从完善后的企业制度,选择了"股份公司"这种形态。当

---

① 金刚组:是一家日本的建筑公司,创办于 578 年,曾是世界上最古老的家族企业,目前仍从事寺庙神社等建筑物的修复、建筑工作。

然，也有不少优秀的"企业"是在明治之后设立的，从诞生之日开始就是"股份公司"，至今还持续着这种形态。

"企业"并不是越长寿就越好。在接受来自中国、亚洲其他国家的媒体采访时，经常被问道："日本拥有这么多百年企业（长寿企业）的理由是什么?"在西方人看来，可能这样的问题并没有什么意义，但是在把日本的经济发展看作成功案例的亚洲各国人民看来，可能就会抱着极大的兴趣。

当被提问后想尝试说明日本长寿企业之多的理由的时候，发现"股份公司"仅仅有150年左右的历史，显然作为理由没有什么说服力。一时词穷的我，硬是解释道："归根结底其根本在于'柔软性'（'变'或者说'产'）与'一贯性'的两立（并举）"。

所谓"变"，正如我们所看到的，第二次世界大战后（也就是20世纪后半叶以来）发展起来的形成汽车产业链的零部件产业，原本与汽车产业并无交集，无论是金属加工业、铸造业、机械零部件制造业，还是纺织纤维业等，都是之前就已存在的，在适应了汽车产业的发展所带来的环境变化之后，改变了自身的形态。即便是现在站在产业链顶端的丰田，原本也是纺织机械的制造厂商。

而所谓"产"，就像古河矿业（1875年从事铜矿山的开发），新设古河电器工业（1884年生产铜线、电线），新设富士电机（1923年生产发电机、发动机），新设富士通（1935年生产通信机，后生产电子计算机），新设发那科（1972年生产电子控制工作机械，后生产机器人），在发展过程中，对应时代和环境的变化,连续地"产出"了新的事业公司。而古河矿业(现已更名为古河机械金属)所"产出"的前述几家企业,现在都已成为路人皆知的上市公司。

那么,为什么这样的"变"和"产"能够获得成功呢?那就要归功于另外一个特长,即"一贯性"。

说到"一贯性",可能会有人认为与前者的"变"是不是自相矛盾,这里需要强调的是,"变"并不是仅仅追随世界的潮流随波逐流的意思,而是在时代的环境变化中,在摸索"真正的自我到底是什么,什么才是只有我可以做的事情"的过程中,找出自己该走的道路。就像前文提到的,从古河矿业到发那科的机器人,已经超过了百年。应该是在这段历程中,企业受到了一定的指引,如最初的工作中延伸出来的必要性、必然性、技术的连续性、客户的要求等,有机地派生出了各种新事业。现在的汽车零部件厂商也是因为在服务于汽车产业之前原本的工作中积攒和培育了技术,才得以作为对应的手段,在汽车产业的诞生这一环境变化中大展身手。

反过来说,"企业不做没有理由的事情"就是在企业求"变"的时候的原则。这也就是"一贯性"的意义所在。当然,这也类似于"不轻易跟随潮流"这类的观念。

不管是跟随什么样的潮流所兴起的事业,只要是"谁都可以做的事情""其他企业可能做得更好的事情",即便是机缘巧合之下得到了下手的先机,早晚都会被其他企业所超越,甚至还会遭受更大的损失。特别是,有段时期因为妄信"土地神话",忘却了自己企业的本分（本职工作），在之后的泡沫经济中一落千丈的企业，就是最好的佐证。J. P. 摩根在 100 年之前就警告说："没有比亲眼看到身边人变成富翁，更能够暴力地扭曲一个人的判断。"这句警示成功地在泡沫经济中变成现实。诸如此类来自外界的压力或者诱惑其实一直都是存在的，即便不是企业家的本意，作为结果丧失了企业原本的"一贯性"的情况也时有发生。在"长寿企业"中，面对外界的压力相对比较自由的非上市公司居多，可能也就是这个原因吧！

可以说，在漫长的历史长河中所积累培养的日本企业的传统受到来自西洋的新企业思想的冲击，是在明治之后。

1869 年（明治二年）正月，与涩泽荣一[①]同一时代的早矢仕有的[②]在开创"丸屋"（之后的"丸善"）之初，就制定了《丸屋商社之记》，并在其中有如下的记载。而这，发生在涩泽荣一从巴黎世博会回国的同一时期。

> 人为的业务盛衰是常有的事情，但是其盛衰的原因都在于：是用正确的道理来对应事物，还是反其道而行之。所以，一个人在独自裁决某一事业的时候，即使犯了错，失去

---

① 涩泽荣一：又号青渊，实业家。起初供职于幕府，明治维新后进入大藏省，辞职后，执掌第一国立银行，并参与创办了造纸、纺织、保险、运输、铁路等多家公司，作为商界领军人物发挥了积极的作用，退休后，致力于社会工作和教育事业。
② 早矢仕有的：日本商人，丸善株式会社创始人。出生于一个医生家庭，在学习荷兰语和英语后，转投庆应义塾师从福泽谕吉，明治元年（1868 年），在横滨创立了丸屋商社（后来的"丸善"），专门销售进口商品，明治二年（1869 年），在日本桥开设了商店，进口外国书籍并出版翻译作品。参考：国立国会图书馆资料，https://www.ndl.go.jp/portrait/datas/6359/。

了正当性，别人也不能批判他、纠正他……危害也就由此而生。伙伴们（志同道合的人）一起成立企业，相互帮助，相互纠正错误，一起努力不偏离正道，才能够防止自我颠覆、自我毁灭的隐患。现在，几个伙伴有的拿出本金，有的提供劳动，开设了一家商店，取名为"丸屋商社"。我们称那些拿出本金的人为"元金社中"（股东），称那些提供劳动的人为"働社中"（员工）。（明治二年一月《丸屋商社之记》，摘自《丸善百年史》所收录的现代日语翻译，笔者对其中的一部分内容重新做了翻译）

我仿佛看到：在那里，在久远的明治以前一脉相承的日本商家思想的源流，与明治的黎明一起，与福泽谕吉等人所带来的西洋的"股份公司"思想发生了幸福的邂逅。这里诞生的企业，与以荷兰东印度公司为起源的充满冒险色彩的共同投资企业有着宗旨上的偏差，可以说是为了"正道经营正道事业"的近代化的"企业"。如果说还有什么需要补充的话，现今企业治理的根本精神，也在其中有着清晰、正确的定位。这也是"和魂洋才"（日本的精神与西洋的才能）相结合的一种理想的形式。

"股份公司"这件衣裳

日本的"企业"常被视为与西洋的"企业"异质。之所以这样，是因为上述在日本社会中一脉相承的事业经营体的存在方式，在与西洋的"股份公司"制度思想邂逅之后，只是穿上了

"股份公司"的外衣。就像当年的日本人脱下和服、穿上西装那样。但是，穿上西装的日本人，到底还是日本人。即便现在也是如此。当然，这也不光是日本，就算是在本质和程度上有所差别，任何一个国家的企业制度或多或少都是那个国家的历史文化背景的产物。所以，现在可以说是已经成为国际化制度的"股份公司"制度，如果仔细去甄别，还是可以找出各国不尽相同的地方。

尽管如此，"股份公司"制度还是成为国际化的制度，那是因为事业体的"法人"化和参与事业的自然人的"有限责任"化的制度根本原理，已经成为共同的、绝对的基础。这也是"股份公司"能够成为人类划时代发明的原因所在。这种制度，作为"集合多数人的力量在承担风险的同时去挑战前人未实现的梦想"的机制，实在是太理想了。抱有共同梦想的人，一起出资去挑战事业。如果获得成功，可以收获与出资相对应的回报。如果失败了，灰飞烟灭。不难想象，就是这样，在西欧从中世纪走向近代的时代背景中，通过市民们之手，形成了众多的共同事业体，真的是划时代的事情啊！

用现代的文脉来整理的话，"失败时的损失限定于出资的金额"（有限责任），在这个意义上，这也是使承担风险去挑战事业成为可能的大前提。股份也就是这样的东西，这一点也毋庸置疑地作为常识被广泛认知。如果是想到大航海时代那样的冒险事业的话，这一点就变得非常有道理，也能够很自然地被理解。一起出钱去冒险，成功了，一起分钱，失败了，钱就打水漂。这是完全的自我责任。

但是，如果更换一下场景，不是在大海里，而是在大陆上，这样的冒险渗透到了整个社会活动之中，在自己的身边成为家常便饭，那又会怎样呢？在那里所产生的可能的事业危害，不可能只是像在大海中最后以沉船为结局的梦想破碎那么简单。核电站被海啸吞噬所带来的危害，不可能仅仅是发电站被破坏无法继续发电事业那么简单。金融机构的破产也是一样，出现在这种情况下的危害，会蔓延到社会整体。尽管如此，电力公司和金融机构如果也是纯粹地遵循"股份公司"制度的游戏规则，那么企业破产，一切结束，之后也不会有人来承担这之上的责任。如果这成为现实，那将相当麻烦。所以，对于这样的企业，不能使它破产，如果一定要让它破产也会出现保险、保障等社会政策性的议论。也就会出现：私人企业所造成的损失，由社会整体来负担的现象。即便不是这样极端的例子，在日常生活中所发生的产品受损、环境破坏、无谋的投资失败所造成的巨额亏损中，如果出现了损失超过投资者出资的情况，那么这些损失也将从受雇用的人员、交易关联方、资金出借方开始，最终作为社会整体的负担被吸收。

带着这样的思考，我们发现：在"股份公司"制度下，事业的利润和损失的归属存在着明显的非对称性。这是一种"超出出资金额的收益部分将全部成为当事人的所有，反之，超出出资金额的损失部分却需要（当事人以外的）社会来负担"的制度。如果，"企业"是股东所有并饲养的一条狗（或一种动物）的话，那么这条狗（或这种动物）给他人、社会所带去的损害，应该是狗（或这种动物）的主人（股东）的无限责任才对。但是，因为"企业"是"法人"，所以"法人"只需要"以死谢罪"，而剩下的负的遗产就会由社会来承担，就像不会追究死人的责任一样。就这样，通过让"法人"冒名顶替的方法，相关的"自然人"就能够无罪释放、继续生存，只要没有别的违法行为，就不会再被要求承担失去出资部分以外的任何责任。"股份公司"制度是：社会全体必须有承担风险觉悟的、全社会一起促进的、为了世界的进步和发展的挑战而达成的社会性的合意。其构造是：事业体的"法人"化和作为自然人股东的"有限责任"化，也因此"股份公司"成为"由社会性的责任主体取代自然人"的制度。

存在于"股份公司"制度根底里的这个性质，原本有着非常重要的意义。

作为"股份公司"，就和自然人一样"拥有人格"。这也是一个大前提。"拥有人格"，应该和自然人一样，作为具备理性、常识、良知的行为主体，值得信赖。也正因为这样，社会才会认可"企业"作为自然人的替代成为责任主体（法人）。这也是不言而喻的事情。如果那是不知道会干出什么事情的猛兽的话，就应该对可能出现的危害和牺牲有一定的觉悟，社会绝不会容许（从人的责任中切割剥离出来的）"企业"这个主体为所欲为。要是像狮子那样的猛兽旁若无人地行走在大街上，那显然是无法被接受的。如果社会把"股份公司"看作具备常识（common sense）和良知（good will）的人（市民），那么这也是存在于根底里的一种约束。这更是作为"法人"所内含的意义。无须赘言，这并不是常见的"法人"到底是虚拟的还是实际存在的这样维度的问题。虚拟的也好，实在的也罢，不管怎样，这是社会是否将"法人（作为结果）的具体行动"作为前提的问题。

作为"股份公司"，企业原本应该是拥有人格的社会性的存在。如果按照自然人的"人格"依葫芦画瓢，那就应该称之为企业的"社格"。

企业的"社格"

尽管如此说，仅仅是作为一个企业组织的"企业"，虽然在制度上成为"法人"，但想要一下子萌发出人格却并不现实，也不存在这样的保证。"社格"是需要有意识地、自觉地创造的。

"企业伦理"和"企业的社会责任"被又一次提起已经有不少日子了，这原本应该是这样的疑问，即：在讨论诸如"企业该如何行动才能说是具有伦理性的？""企业做什么样的事情才算是承担了社会性的责任人？"这样的方法论的维度之前，首先应该问一问"企业"这个存在"该怎么做才能够成为从根底里就具有伦理性的存在"这个问题。无视这个根本性的问题，只是在方法论上去探讨，就会沦落到，即便是共享了SDGs的目标，也仅停留在"不跟进的话就没办法继续开展业务，跟进的话会有更大的收益"这样维度的想法之中。堕落之后更加不知道如何区别真伪；盲信"结果都是一样的"，连基本的质疑的感性都丧失了……这也是现代企业社会无底洞般的严重病源所在。

在西洋人的思考中，寄望像驯服动物那样，通过对"企业"

的发展方向赋予动机、监视、管理监督，从结果上作为有人格的存在，去引导企业的行动。这是一种尝试：通过外部的制度来约束"企业"，通过多方面的牵制，一旦发现企业偏离轨道就予以惩罚，从结果上保证"企业"成为至少在外形上的社会性的存在。这应该是基于"自然人是神的被造物"思考吧！但是，法人也是神的被造物这样的观点显然难以被认可（法人是人类的创造物）。这也是基于基督教的思想背景吧！这就好比在西洋人看来，艺术作品（art）是人工的（artificial）东西那样。要引领控制人类创造的东西（企业），那是神创造的人类应该做的事情。这个话题先搁置一边，虽然听上去就像是多此一举，但是，这与在根底里作为"企业"自身的想自由行动的人格（主体）已经被认可之间的矛盾，却始终存在。这应该也是：怀揣着这样的矛盾，就像是一冒头就要被击打的打地鼠游戏那样，作为宿命去接受的思想。但是，在21世纪的资本主义世界里，这样的矛盾会以什么样的形式出现，作为社会问题（有的甚至是作为不堪设想的问题）如何暴露呈现，这已经成为人们关心的问题。

与此相对的，在任何东西里都有"神"的存在……所以，"神"也存在于"企业"之中。这种想法也是日本传统的想法。并不是依靠外部的规定强制性地被执行，而是依靠内在的、内发的有责任的主体的制衡。因此，从词源上来看，日语的"企业"（会社）中有一个"社"字。"企业"的正中被摆放着那些无法归结到一个个的个人的东西。这与单纯的召集人员构成的企业（company）的概念有着明显不同的性质。如果追溯到明治以来一脉相承的日本商家的思想源流，不得不惊叹：原本，日本"企业"在制度上成为"股份公司"之前，就已经成为拥有"为了世界而运营事业的主体"的"社格"的社会性的存在。"企业"自身作为主体，从胚胎开始就孕育了其诞生的意义、社会性的使命、社会性的存在意义，并一直坚守，在人们意识的根底里分享，延续至今。那绝不是事后拿来张贴的东西，更不是为了赚钱，无节操地弯来转去。也正因为如此，才能够在"一贯性"中自由自在地去"变"。

从历史来看，"股份公司"制度是具有"社格"的日本的"企业"与西洋的制度思想邂逅的结果，应该只是包裹上了新的外衣。

但是，明治元年之后经过150年的今天，突然发现：被外衣包裹的最重要的核心部分却成了风中残烛，以至于只剩下外衣的躯壳的担忧终于成为现实。

作为"记忆"的历史丧失

那么，丧失的最重要的核心部分，到底是什么？

这里稍微跑题一下。有一次，我在考虑这个问题的时候得到了启示。那是接下来描述的一个发育心理学的实验。

面对一群不同年龄的孩子，给他们看一个点心盒，问他们："这里面是什么呀？"孩子们当然回答："是点心。"假设：实际上打开点心盒，里面只有石子。过了一会儿，再次询问孩子们："刚才你觉得这个点心盒里有什么呀？"三四岁的孩子会回答"我想里面是点心"。但是，两岁左右的孩子却会回答"是石子"。也就是说，在成长中的两岁孩子，还不具备区分认识过去的自己和现在的自己的能力。实际上，刚出生的婴儿大脑只有成人的三分之一大小，在四五岁的时候会急速成长到接近成人大脑的大小。对大脑还未完全发育的两岁的孩子而言，"自己"就是现在的样子。

听闻了这件事情，我大为吃惊，差点从椅子上跌落下来。所谓人类的"记忆"，并不只是记忆了过去，而是人在拥有了记忆自己过去的能力之后，才能够成为一个人。不是过去的事情，而是过去的自己。如果是过去的事情，处于人脑未完全发育阶段的两岁的孩子也可以记住，就是"点心盒里只有石子"。那就像松鼠会记住自己埋下果实的地方，会记住猫头鹰是危险的外敌。是应对现在的必要性不断更新着记忆。但是，松鼠大概不能记住"以前的自己并没有认为猫头鹰是危险的外敌"，也没有记住的必要。但是，人类具备了记忆"过去的自己是什么样子"的能力，能够记住"认为点心盒子里有点心"的过去的自己。这应该是人类特有的"记忆"。

如果回顾我自己的人生，朦胧中可以追溯到的关于自己的记忆，应该是进入幼儿园之后。"幼儿园时代的自己思考了什么"这个自己的记忆，尽管与现在的自己的思考有所不同，但并没有被删除更新。因为人类可以记忆这些，所以关于过去的自己的记忆就在自己的大脑中，一层一层地积累起来，而我也成为现在的六十岁的我。这也是我第一次看到一条清晰的线，使我自己认识到了自己。自我诞生了，那就是人格。也可以说，在那里，"自己"这个概念诞生了。这并不是像松鼠那样，只是在现在"记忆了果实埋在了哪里"的自己,而是从过去开始到现在,"记忆经历过这样的变化而成长起来的自己"的"自己"。连接从过去到现在再走向未来的意志,也在那里诞生。"应该以什么为目标去成长""是追求什么的探索""应该相信什么去努力",这些意志,把现在的自己变成过去的自己的"记忆",并成为未来的意志。如果只是凭着得失和好恶,本能地只是为了现在生存的主体,"自己先变成这样""应该是这样的""什么是好的事情"之类的思考就不会诞生。这样的人与有些小机智的松鼠,在本质上并没有什么不同。

在这样的思考中,就会意识到:连接从过去到未来的自己的"记忆"的累积,就是"自己"的人格。超越时间的、从过去到将来的一根连线的"自己"的存在,正是作为社会性主体的有"责任"的人格的诞生。让我瞠目结舌的(可能只有我才会从椅子上跌落下来)正是这一点。所谓人格,归根结底,就是"记忆"中铭刻的自己的历史。那并不是一个个罗列起来的事件的历史,而是一边对过去肯定或否定,一边连接向未来的自己,是自身格斗的"记忆"。这也可以说成是一种身份——"自己到底是怎样的人"。

这里回到"企业"的"社格"应该是怎样的话题。可以这么思考:这与个人的人格是经历"记忆"的积累而形成的一样,是这个"企业"自诞生以来的延绵和积累至今的"记忆"由分层形成的结构。"企业"变成了只剩下"股份公司"这层外衣的躯壳,也就意味着它丧失了"记忆"中铭刻的其固有的历史。

但是与人有所不同的是,"企业"可以对过去的历史不闻不问,而只顾眼前,哪里有花园?那里的果实好吃吗?敌人是谁?敌人在哪里?是不是可以把那个敌人揪出来?如果这些成为"企业"所谓最关心的事情的话,过去的"记忆"完全可以作为已经结束的事情被束之高阁。而对此不再追究的,正是现代,也就是说,"丧失了'记忆'有什么不好吗"这样的思维。这也可以说成是深信"经营的决策是仅仅基于现在的事实而做的科学、客观的判断"这样的观点,在不知不觉中撒野、敷衍的结果。从现代的视点看来,要毫不犹豫地去思考,过去的历史可能会成为正确思考的枷锁,甚至会被认为必须有意识地去切断。

但是,不管怎样精致地去捕捉科学的、客观的、现代的事实,必须清醒地认识到:就像松鼠记忆的"埋藏果实的地方在哪里",就像两岁儿童记忆的"那个盒子里面只有石头",我们并没有走出现在进行时的自己的维度,哪怕是一步。在没有埋下果实的地方不管怎样挖掘都是徒劳,打开只有石子的盒子也只是徒劳。从这个意义上来说,现在有必要科学、客观地了解相关的信息。

但是,作为社会性的责任主体("人格"和"社格")原本就应该具备的人类的"记忆"是:类似于"那时候追求果实的自己结果跑到哪里去了""那时候所找寻到的果实真的是自己寻找的果实吗""为什么会错把只有石子的盒子当成是装有点心的盒子"之类的,对过去自省的"记忆"的累积。换句话说,这才是作为人类应该持有的维度的"记忆"。这里也可以依葫芦画瓢,"企业"也应该拥有作为"企业"维度的"记忆"。其"记忆"的积累，使"企业"超越时间作为主体持续存在，留下一条直线的足迹。即便是这其中出现了迂回曲折，也自觉地遵循这一条直线去活着。这一点，也正是"企业"法人所不足的地方。这是，"这个企业想成为什么样的存在"这样的自觉。这也是作为社会性的责任主体的"社格"。铭刻着从过去开始到现在的一条直线的历程的"记忆"，把现在作为经过点，自然而然地培育面向将来的自律的意志的"记忆"。这种"记忆"并不是作为特定的个人的"记忆"，而是作为法人的"企业"自身的"记忆"占据着"企业"的核心。这种智慧，也正是日本的"企业"从其源流开始传统地编织出来的"术"（技能）。

而唯竞争论让"企业"所放弃的、埋葬的正是这种"记忆"。

从这家"企业"的根源到现在为止的格斗故事的"记忆"，被完全地作为已经过去的事情被祭奉在神坛之上。历史，并不是作为活着的"记忆"存在于"企业"之中，而仅仅是作为记录过去经历的履历书，成为不断地被美化、被宣传的历史资料，最终被束之高阁。

而这样的代价就是："企业"像松鼠、像两岁的孩童那样，仅仅是被囚牢在本能地为了更好地生存于现在进行时的自己的维度之中。如果是那样，"企业"就变成仅仅是在"企业"中放置的经营资源的结合，只会思考"现在使用这里的工具该怎样获取什么样的果实"，而明天又是同样的思考，周而复始。其结果是，对于最后会到达哪里，茫然不知。因为在那里，既不会诞生主体的意志，也不会诞生伦理和自发性。

但是，原本在没有解答的不确定、不透明的历史时间中，面向未来去思考"该如何思考、如何行动才是好的事情"，并用意志去挑战，这才是"企业"成立的背景。这也和400年前诞生的"股份公司"是一样的。

作为"企业"首先应该面对的是，在考量"如何做"之前，先考虑"为什么自己（自己的企业）要做这件事情"，而不是像动物那样仅仅是本能地生存。

正是因为在根底里有着这样的问题意识，对自己也好，对社会也罢，能够承担责任。也正因为如此，社会能够委托作为法人的"企业"去自由地开展创造性的事业活动。反之，如果不是这样，"企业"就仅仅是披着法人的外衣，是安装着风险避雷针的交通工具。从原本的意义上来说，和动物一样，作为法人没有在社会生存的资格。

经营"企业"

如果带着这样的思考，再去考量经营"企业"究竟是在经营什么的时候，就会再次感受到新的启示。

"企业"，理所当然地，每天创造出销售额，创造出利益，然后去分配利益。为了提升业绩，为了成长，要面对各种各样的经营课题。这样的思考也是很正常的。"企业"有意识地在日常经营中处理各种课题貌似并没有什么不对，但是如果仔细思考，这些课题本不应该是来自外界的，而应该是由"企业"自身发起的。学生时代的作业是老师布置的，但是一个人的人生课题，应该是自己给自己出的题目。从过去连绵不断传承而至的"记忆"的堆积会诞生面向未来的意志,而有了这个意志作为参照,现在的课题也就浮出水面,自己也就可以给自己布置作业了。这就是经营。企业家所经营的,其实就是"企业"给自己出的课题。如果能够这样思考,应该说是健全的。"企业"是一个有责任的社会性的主体(法人),说的也是这个。

通过历史铭刻的"企业"的"记忆"的分层,自然而然地会成为这个"企业"固有的"记忆",是不属于其他任何人的独一无二的东西,是"企业"成为这个"企业"的缘由。只要"企业"能够存续,这将超越企业家、员工这样的自然人的时间轴,被世代传承,成为今后也会被继续传承的"记忆"。这肯定不是特定的个人记忆。企业家只是暂时接管了"记忆",并应该承担起传递手的责任。当然,接管"记忆",并不是说把过去的思考方法和工作方式作为金科玉律去固守、死守,也不是仅仅把它作为一个讲故事的环节。带来西洋音乐革命的某个大作曲家曾经说:"传统是守护灯火,而不是崇拜灯灰。"这里所说的"传统",肯定是音乐史迂回曲折绵延延续的"记忆"。在没有"记忆"累积的地方,不可能有新的"创造"的诞生。这放在"企业"之中,就是"我们企业是不是为了追求什么、思考什么,经历了怎样的苦斗才走到今天的企业"这样的自我认识被深深地印刻在"记忆"的累积中,而从那里出发连接未来的主体意志中存在着"社格"。那才是"企业"真正的对自己的自觉(Who am I)。

所有经营课题的根本,都是企业通过对自己的自觉,给自己布置的作业。

业绩指标等显性的条目，比如就汽车而言，速度指针等只不过是衡量的工具。去监视衡量工具所显示的指标，并加以管理的确是必要条件，但是不管怎样去管理，并不能保证这辆车是开往目的地的。如果没有了驾驶员的意志，那一定会开到一个意想不到的地方。

"企业"就像是一个迷宫，是一个复杂的多面体。其经营课题也不可能是单纯地捕捉到一个侧面就可以完成的。但是，正是因为复杂，更要抓住其核心，并且绝对不能迷失了核心。"企业"内部的"守住传统的灯火"，就是企业家的作用，更是企业家的责任和义务。

"企业"的可能性的沃野

21世纪的经济和企业活动最终会变质成为什么样的东西，这个谁也不知道。但是，前20年让我们明白了一件事情："如果做好的事情，一定会反映在结果上"这个常识性的命题，已经被"只要出了结果，那就是好的事情"这个难以置信的命题所颠覆。对于企业活动也通过眼前的结果指标来衡量这种情况，人们居然毫不质疑，甚至是已经习惯。其论理是"被别人评价是好的事情"这样朴素的妄信。作为结果，甚至是"企业"自身的存在方式也全权委托给了他人。20世纪前半叶，J. M. 凯恩斯就早早地发现了其本质，并明确指出：仅仅是像"为了骑上马赛中胜出的赛马的竞争"那样的经济活动的存在，不光是在结果的表象上，甚至在主体的行动规范上,都会得到助长,最终将颠覆经济活动的整体。所有的评价都变成相互依赖,没有一个人会去关心作为整体的暴走会走向何方。我们必须认识到:这些都是所谓"最终到达点一定是好的地方"这样的妄信的翻版。

身处漩涡之中的"企业",要想不被吞噬,如果可以成为"哪怕只是悄悄地回馈来自社会的嘱托,去提案、去创造脚踏实地的'价值'"的存在,那必然是因为这个"企业"一直在坚持作为扎根于社会的责任主体的所谓"我是谁"这样的自觉。在21世纪的经济社会中,"企业"这个存在所应该起到的作用,其真正的可能性也应该在这之中可以找到。

当"企业"原本应该拥有的"记忆"被唤醒,自我察觉到其自身的"社格"的时候,它的主体意志会持有强大的潜在能力,足以跨越、突破如断线风筝到处浮游的现代经济体系的框架。不是在既成的体系框架中去讨论如何做好,而是需要突破。带着新的"价值"去提案做好的事情的"价值"观,就是要去突破现行框架内那些被大家首肯的"价值""效率""利益"之类的尺度。如果不是对于那些在大家看来难以接受的尺度,贯彻信念、坚持突破的企业就不可能提出新的"价值"观。"企业"就是要在这个意义上,在继承的"价值"观的外壳上凿开一个洞,去摇晃,去破壳而出,作为结果,去撼动浮游漂流时代的"价值"观,去孕育连接未来的可能性。而这更需要通过打开的洞口与社会紧密相连,扎根于社会。

"企业"并不仅仅是经济性的存在,更是社会性的存在。

日本的"企业"应该从源头上说就不是单纯追求经济利益的装置，对应各个时代自由自在地变换着"企业"的模样，作为适应各个时代的社会性的存在延续至今。现在，映入世人眼中的并不是"企业"的肉身，而仅仅是碰巧现在所穿着的衣衫。甚至可以说，是被缠裹的衣裳。在戴着时代眼镜的人看来，只能够看到衣裳，这也是不言自明的事情。

但是，从俯瞰历史的角度出发，"企业"是怎样的存在，是对人类有着什么意义的存在，应该还留在每个人不同的记忆之中。如果只是看一家"企业"的一个侧面，那有可能会觉得它是一个经济性的装置。对于人类来说，随着时代的变化，"企业"原本应该是"做事情的舞台""经营人生的场所""经营社会生活的场所"，并应该一直延续下去。

无视这样的社会性存在的每一个侧面，而仅仅是把"企业"归结于纯粹的经济性的装置、利润的对象，这既不是现代化，也不是合理化，更不是全球化。拿人类来打一个比方，就像是紧紧盯着学习成绩，或者是年收入那样。拿出局限于"企业"一个侧面的观点，去讨论骸骨般的"企业"的模样的好坏，从长久来看，根本无法触及本质。

如果我们真的要思考今后"企业"的进化，那么所必需的就应该是：不停留在原来的框架内，去发现适合于下一个时代的作为社会性存在的"企业"的存在方式和作用。那是适合 21 世纪的社会环境、自然环境、人类精神环境的，作为社会性存在的"企业"的存在方式和作用。"为了社会变得更好，人变得更加善良,而承担风险去挑战",这才是社会应该寄予厚望的"法人"。

这样的答案,并不是基于一般论理可以得出的。这只有在哪怕是作为极其细微的存在,秉持其固有"记忆"的一个一个的"企业"在固有意志的支撑下,去挑战和开创具有独创性"价值"市场的过程中,才会诞生。

也正因为如此,留给作为其主宰者的"企业家"的工作,才会是重大的、令人尊敬的。

统治

仔细想来，对于"企业"使用"统治"这个词，的确非常有临场感。

这是来自英语"governance"的翻译①，从英文原意来说应该是"掌舵"的意思。可能是因为需要操控"掌舵"的机制，所以才使用了现在的翻译。那么，又为什么不是"制御"②"统制"③，而是"统治"呢？

"企业"的组织，虽然是跟随指示命令系统而运转的，但是从来没有被称作"统治"，而是被称为"经营管理"。既然是"管理"，那么即便是改变说法说成是"制御"或者"管制"，也不会有什么违和感。有了"企业"的"管理"体系，集团就可以成为能够被"制御"或者管制"的组织。"管理"者对被"管理"者进行"制御""管制"，也就成为"管理"的机制。

---

① 中文翻译为"治理"，鉴于日本社会的实际情况和作者的实际感受，这里遵从日语原文，使用"统治"。
② 日语的"制御"用中文可解释为"控制"。
③ 日语的"统制"用中文可解释为"管制"。

另外,在谈到"统治"机制的时候,到底有什么不同呢?

在民主主义国家中,主权者的国民选举出统治国家的"政府"并对其进行监视的机制被理解为"统治"机制。这与"管理"相反,是被"统治"的人"制御""统治"其他人的机制的含义。如果出现凌驾于这个机制之上绝对的支配者(ruler),那就是专制国家。即便在这种情况下,炫耀自己是绝对支配者的理由及其正当性的根据,也是很平常的。最典型的就是,支配者的神格化。不管怎么说,"统治"者都是因为有一些正当的理由为被"统治"的一方所承认,才会成为"统治"者,被连续地认可,就可以连续地成为"统治"者。这个集团内部的自我反馈机制,就是"统治"机制,也就是所谓的"governance"。

如果这是国家层面的话题,相信应该可以很容易理解,但是到了"企业"层面,其"统治"的机制(governance)具体又是指什么呢?这显然并不简单。承担"统治"行为就等同于"掌舵"。执行者就是被选出来的作为当政者的"企业家"。那么,等同于国民的主权者又是谁呢?股东、员工、顾客,大家都想当然地认为并主张那是自己。在这里,潜藏着很不简单的问题:"企业"到底是谁的?到底是为了谁而存在的?

记得以前因为工作关系去过泰国,不凑巧遭遇了军事政变。令我非常意外的是:曼谷的街头巷尾非常平静,尽管在不少地方配置了警队,但是公共交通也像平时一样运营,市民也会带着家属一起去百货商店购物。应该是我孤陋寡闻,据说仅是进入20世纪后,泰国已经发生过十数起军事政变,都已经成为家常便饭，所以也没有什么可以令人吃惊的。如果国内对立的两派之间的斗争长期化，国王〔当时备受国民敬爱的普密蓬国王（拉玛九世，1927—2016年）还健在〕应该会出来加以仲裁，事件也就会平息。与其说是纷争的调停，不如说是类似"你们这些人，这样的状态持续下去，对谁也没有好处，那就适可而止吧"的讨论。在我浮想联翩的时候，不知不觉中解开了很久以前就抱有的疑惑："在帝国主义时代，为什么只有日本和泰国没有成为西方列强的殖民地？"那是因为在那里存在的，不是单纯的支配者（ruler），而是无法撼动的作为精神支柱的国王（之后会模仿这样的说法，提出"国民统合的象征"的概念）。

仔细想来，日本也是这样，有史以来多数的内乱是：不仅限于戊辰战争①，将自己称为官军，把敌手称为贼军，也就是围绕着"锦之御旗"②而展开争斗。在那里只有：无政治偏向的国家的绝对中心。反过来说，那里没有：为了获取国内政治斗争的胜利而引进外国势力来作为后盾。当外族踩躏"锦之御旗"的时候，一致对外显示出精神上的团结。不管是外御强敌还是消除内乱，其根本应该是一样的。反之，缺乏绝对的中心，从根本上抹杀前体制，使之从这个世界上消失，支配体制全体出动去覆盖（过去的一切）……有着这种历史的国家，在用鲜血洗礼的战斗

---

① 戊辰战争：1868年至次年发生的新政府军与旧幕府之间的战斗的总称，包括鸟羽伏见之战，彰义队之战（上野战争），与长冈藩、会津藩的战争以及箱馆之战，又名戊辰之役。
② 锦之御旗：绣有或画有太阳和月亮的红色锦旗，从镰仓时代起，被用作政府军讨伐朝廷敌人时的标志，比喻授予针对他人行动、主张等的权威。

过程中，敌对的一方，甚至是双方才会把外国势力作为后盾引进来，这也就等同于自己给了西方列强入侵的机会。

存在于这样的国家社会的成立背景中的精神构造，与心理学家河合隼雄①在其撰写的《古事记》追溯神话的分析中所指出的日本组织的"中空构造"论是相通的。

在考量组织内部中的长期作用及其存在方式的时候，在西方，那是作为领导，通过自己的力量统率全体，引导前进。

与之相对的，在日本，"长"，与其说是领导，不如说是照料人（照顾大家的人）更为妥切。他并不光靠自己的力量，而且更注重协调着全体的平衡，并不一定需要拥有力量、权威。日本有时候也会出现所谓领导型的"长"，大多数的情况下，难以长期维系便很快就下台了。在日本，即便是"长"有着力量或者能力也不会对此有所依赖的所谓"无为"，才被认为是最理想的状态。这一点，看看日本的历代首相，就可以有一定程度的理解。

日本的中空均衡模式偏偏不排除相对立的事情、矛盾，是持有共存可能性的。也就是说，当矛盾对立的双方中某一方占据中心的时候，另外一方的确会失去存在空间而被抹杀。但是，始终坚持中心是空的时候，两者会在适当的地方

---

① 河合隼雄：日本临床心理学家，京都大学教授，主要研究荣格心理学，著有《神话与日本人的心》等。

取得平衡，得以共存。（河合隼雄：《中空构造日本的深层》，中央公论新社）

天皇的存在从某种意义上来说，正是这样的"中空"的象征，而不是以天皇陛下个人的固有资质为前提而成立的。仔细想来，日本的"家"也好，"企业"也罢，其中心都是"中空"。在这个"中空"中一直摆放至今的是"家格"，是"社格"。这也一定是这个集团或者组织的身份的表象。历史上，当代的家长或者社长，如果出现了与"家"或者"企业"的"中空"不符的行为，即便是"血统纯正"（来路很正）的统治者，也会在这个"中空"的名义下被围攻，遭到封杀。在那里，就有着这样的力学。换个视角，"统治"的独自的机制已经内藏在其中。就这个"统治"机制而言，在讨论由谁"统治"这个问题之前，在"如何争夺统治者的信任"意义上的组织的中心，也就是"中空"，早已俨然放置在了那里。

在这个意义上，所谓经常被诟病的日本企业家"缺乏领导能力"的问题，并不能简单地归结于个别企业家的个人资质问题。究其根源，是来自"没有让领导能力得以存在的空间"这样的组织深层构造的问题。一个组织的领导能力，并不是依据特定个人的固有资质，而是不管谁做了领导，他都成为代表肉眼无法看到的组织中心"中空"的存在。也就是说，这意味着"锦之御旗"现在就在这个人的手中（已经被认可）。

实际上，当"企业"面对重大的分歧点必须要作出决断的时候，企业家所思考的，当然是"对于这个企业来说到底应该走哪条路才好"，而从"到底是谁才最为这个企业着想""到底是谁置身于这个企业的'中空'之中在思考"的意义上来说，那就是获得组织内部大家的信任，达成其表里一致。也就是说，这时候企业家所面对的，不光是这个"企业"现在所处的外部环境，同时还有在作出判断时支撑其无法撼动的脊梁的作为"记忆"的"企业"固有的历史：这个"企业"到底是什么样的"企业"，这个"企业"到底是谁，是怎样的身份。如果被问到企业家会遵从什么，说到底，会遵从这个企业的"中空"。那是因为，企业家是比任何人都更能变成这个"中空"去思考的人，只有他才能够延续这个"企业"。换而言之，可以认为："企业"是由处于"企业"中心的作为身份的"中空"和围绕着"中空"相互牵制、相互争夺"中空"的分身地位的人这样双层的"统治"构造所形成的。在这个双层构造中，站在顶端的人固有的个人资质和思想，并不能够直接支配组织的中心。也可以说，站在顶端的人是在侍奉中心。

那么，秉持这样的精神构造的组织到底是怎么样的呢？至少应该不会是"找到站在组织顶端的人，去制御他，去管制他"这样单纯的问题。这一点也是非常明确的。

这也就是外来的"统治"论在日本的"统治"中只是隔靴搔痒的根本原因。也正是因为只想着对肉眼可见的"统治者"——企业家进行制御管制，因此结果根本无法触及存在于真正的中心的"中空"。

如果能够重新认识到这一点，就能够看到潜藏于企业"统治"理论中的、从某种意义上来说有意识地被隐藏的矛盾。

正如最初就提到的，"统治"构造基本上都是内部的，而且是内在的制御管制机制。这在民主主义国家中，就是：作为主权者的众多国民如何挑选监督自己的"统治者"的机制。那是被"统治"者制御管制"统治"者的机制，而不是相反。

但是，街头巷尾的"企业统治"理论，却偏偏被歪曲成为"就像是骑手制御赛马那样，为了让'企业'可以行走在设定的道路上，或者说为了不让'企业'跑偏，就需要从外部加以制御"这般荒唐，竟然还被广为流传。在这里被设定的假设，不是内部"统治"的存在方式，准确地说，是字面上来自外部的"制御"，或者"管制"。尽管如此，还是使用了"统治"理论这样的体裁去掩盖其本质，就好像"企业"是自己进步吸收了外部人员的想法，并遵从这种想法作出决策和行动选择，这是一种主体所运营的机制。

粗看，那是已经伪装得极其自然的论理，但是实际上，这里绝对不能忽视的是：其论理是建立在"外部人员身处比内部人员更加普遍的超越的立场上"这样的前提之下的。说得极端一点，就是外部人员更加贤明，内部人员更加愚昧。这种意识已经潜伏在其中了。也正是因为如此，其论理就变成："外部人员认为是好的事情"就被等同于"为了内部人员好的事情"。如果不这样，那就是不一致。

归根结底，就像幕府时代末期到明治时代初期，从海外来到日本的西洋列强的定位那样，把日本作为非文明国家低看一等，这样的构图一点没有改变。在此延长线上，他们的想法依然延续着，就像他们当初尝试的（但是没有成功）那样，找到能够遵照自己旨意办事的人并送到组织的内部，通过操纵他来操纵组织整体……究其根底，早已超出提出意见的范畴，而是随心所欲地去操控。这也是明摆着的事情。

在街头巷尾从"企业"与外部股东关系的观点出发的"企业统治"理论被热议的背后，隐藏着像蝙蝠般能够颠来倒去的论理：一会儿是伪装成内部人员作为主权者的立场，一会儿又是下达委托指令作为具有超越性的外部人员的立场，并不断切换着角色。但是，不管以何种形态示人，内部的"统治"机制和来自外部的"制御""管制"或者说"操纵"的意图，从本质上就是截然不同、难以相容的。如果硬是要将这两者撮合在一起，那就必须要默认假设专制国家那样的具有超越性的支配者（ruler）存在，并依此展开论理。

"外部人员认为是好的事情"一般并不是"为了内部人员好的事情"，通常会变成仅仅是"对外部人员来说更为适宜的事情"。如果变成那样的话，争论的焦点，归根结底，也就变成了内部人员的论理与外部人员所想之间分歧的调整。这也就与组织的中心——"中空"和"对于这个'企业'什么才是好的"这样本质性的争论焦点，越行越远了。

对"企业"来说，股东原本也是主权者的一部分，也是内部人员。这本是不容否定的，所以在所有的利益相关者中只有股东是支配者（具有超越性的外部人员）也是不对的。理所当然，"企业"并不是股东的所有物。就像字面上所说的，股东只是股份的所有者。股份代表着托付的财产收益权，但并不代表对托付给"企业"这个主体的财产有自由的处分权。通过行使决议权去表明自己的想法，这是很自然的事情。但是，将为了让"企业家"遵从自己的想法去行动而设置的装置称为"统治"机构，那只能说是一种误解。从根本上来说，自由指的仅仅是托付财产和不托付财产（投资还是不投资）的自由。这才是对"企业"的投资。

即便是股东，如果是在"企业"的决策中反映其意图、意见、见识，并推动"企业"，那么，就应该不是站在外部人员的立场，而是站在内部人员的立场。从这个意义上来说，股东应该自发地进入存在于"企业"中心的"中空"的"统治"机制内部，也必须站在"对于这个'企业'什么才是好的事情"的思考的地平线上，因为，只有在无限接近处于"企业"中心的"中空"并背负起它的责任的时候，才真正可以推动"企业"。换而言之，那也是当"锦之御旗"在自己的手中，凭借说服能力向世人展示的时候。那时，其他的主权者都会承认"你才是最为这个'企业'考虑的人"，你也可以得到更多的赞同。

反过来说，如果试图制御中心是"中空"的"统治"构造，而作为外部人员却在背地里只考虑自己的立场的话，就像以前的西洋列强无法找到对日本殖民化的突破口那样，必定会四处碰壁。如果"企业"的态度游移不定，决策模棱两可，行动落实缓慢,那么给人留下"说什么事情都是白费力气"的感觉,也是很自然的。对存在于"企业"中心的"中空"无动于衷的人所提出的"企业"发展道路的指示,很难得到共鸣,更不要说去实际推动组织的行动。如果一定要霸王硬上弓,那就等同于军事侵略。

"统治"本来就只能够来源于内部。这与主人操纵狗的伎俩有着本质的不同。

但也正是因为如此,在另一方面,"企业家"就更应该意识到:与其他人相比,必须用更加敏锐的感觉和更加坚定的意志去秉持这个"企业"中心的"中空"。

如果"企业""统治"的力学是像漩涡般地围绕处于中心的"中空"而展开的话,那么,员工、顾客、股东也应该向漩涡的中心靠拢集聚,去挑战接近漩涡的中心,去挑战窥探漩涡的深渊,自发争先恐后地去努力在那里树起"锦之御旗"。"统治"机制,原本应该就是针对这样的场面开展交通梳理(调整协调)的装置。这才是"统治"机制(governance)的正确意义。所以,现在在那里树立起"锦之御旗"的应该是作为当事人的"企业家"。理所当然,原本这样的"锦之御旗"也应该具备提升漩涡磁场效应的能力。

当然,如果处于中心的"中空",就像字面意义一样确实是空虚、空无的,那么所谓交通梳理也就没有必要了。

但是,放眼当今世界,更多的是已经丧失漩涡能量的"企业"。

如果漩涡逐渐变弱,失去了力量,那么不久后就会分裂成无数的小漩涡，最后烟消云散，变回一潭死水。"这是一家想做些什么事情的'企业'"这样的身份象征也会变得暧昧，目标的焦点也会模糊，最终变成"做力所能及的事情的'企业'"。如果是这样，那"企业"就仅仅是资源的堆积。"统治"机制（governance）也就仅仅变成了利害关系（各自的资源的所有权和各自主张的争议）的协调机制。"企业家"也沦落为被喻为残骸也不过分的资材堆积场的管理人。即便是这样，还赖在"企业家"位置上不走的人在那里所树立起来的一定是陈旧破烂的、瘫软无力的、像被撕裂的布条般的"锦之御旗"。

之所以出现邀请外部人员介入的情况，那正是佐证了有很多"企业"正在向上述状态发展。如果坊间把唤醒这些濒临死亡的"企业"的行为称作"企业统治"的话，那还不如使用"重生""矫正"这样的言语更加贴切。不管怎么说，到了病入膏肓的阶段，又不愿意归结于"企业"和"企业家"自身的责任，那么，就像被饲养的狗那样接受外部的"制御""管制"，甚至是心甘情愿地被"操纵"，那也是没有办法的事情。

原本，任何一家"企业"，在其成立的时候都会持有这个"企业"中心的"中空"。如果没有的话，估计也不会有这个"企业"的出现。"企业"与"国家"不同，是自发形成的组织。所以，没有一个人一出生就和哪个"企业"有关系，也不会被强制性地与哪个"企业"产生关系。而使"企业"成为自发地凝聚起来的漩涡的，是"企业"创立时凭借意志所创造出来的东西，也是在之后"企业"的历史中凭借意志被继承、被培育的东西。得到"锦之御旗"的"企业家",必须比任何人都更能够体现"中空",并能够增加漩涡的磁力和气势。这里所说的任何人是指员工、顾客、股东,还有其他的利益相关者,而他们都将被卷入漩涡的中心。

"企业家"必须是最能意识到自己"企业"中心的"中空",并将其强有力地体现出来的人。"企业家"是遵从"中空"的终极者。反过来说,"企业家"也要接受"中空"的裁决。

组织

"组织"论的射程

"组织"到底是什么,定义很难。

虽然有学术性的定义,但是作为我们常用词汇的"组织"的概念,仔细想想,也不是很明确的。

一般,我们在说到"属于一个组织""打着组织的旗号工作"的时候,大概是指包括"企业"在内的机关、团体。但是,这又与单纯地被称作"集团""group"有所不同。在那里,为了共有的目标的实现和目的的达成,有意识地被构建起来的、有明确的关联性的网络(或者说结构)存在于内部。在经营理论的考量中,在"企业"里,根据事业所应该有的样子通过决策的流程、业务的流程,来决定应该有的组织结构。也就是说"组织服从于战略"。如果作为事业成败的关键要素,推进方法有所改变,那么组织构造也应该有所变化(调整)。在"组织改革"中,表面上指的就是这样的纵向的、横向的组织网络或者说结构的重组。这也就是"遵从目的的合理的组织结构是什么样子的"这样的议论。

但是……

"企业家"在想改变组织的时候,他所关心的并不仅限于此。

有一次,我遇到了一个客户,那是销售额突破1万亿日元的大企业的"企业家",而我的工作是协助他实现"把企业组织按照地区划分为5个,成立各自的事业部门"的想法。但是,这个"企业"的事业只是单一的事业,即便是分成各个区域也不存在本质上特性的区别。询问其理由,得到的回答是:"一大块肉直接上火烤很难烤熟,所以分成五块去烤。"他所想改变的是针对事业的组织姿态和人的姿态,是想进一步挖掘组织和个人的主体性和自律性。从这个意义上来说,"组织改革"经常是"意识改革"。

单纯地思考的话,人之所以要成立组织,那是为了实现"1+1>2",如果是"="或者是"<"的话,那也就没有了成立组织的意义。实际上这样的事情经常发生,"一个人无法搬动的大石头,几个人一起的话就可以搬动""如果几个人各自负责自己擅长的部分,那么就可以高效率地生产产品"之类的所谓"1+1>2"的理论举不胜举,而大多数情况都是,首先让"1"能够起到自身的作用作为前提。但是,一位组织心理学家告诉我:在现实中,被喻为"社会性的偷懒效果"的现象是普遍存在的。如果是两个人面对面,很难偷懒;如果是10个人,那就会有几个人偷懒;要是有100个人的话,偷懒的比率会更高。据说,100个人一般只能够做六七十人份的工作。如果可以,想象一下肩扛祭祀的神辇①，可能就会明白。只是装着肩扛手抬样子的大有人在，甚至有的人还蹲下身来，根本没有接触到杠杆。这里把"1"平均一下，既有只做"0.6—0.7"工作的，也有把"1"提升了30％，发挥到"1.3"的。于是，同样的人数，其发挥的能力也可能出现2倍的差距，甚至有可能更多。如果是像毛利元就的"三支箭"②的话，那还好；如果是像武田信玄的"二十四将"③那样的话，就不难想象要把那些人的能力集中起来发挥有多难。

就这样，由几个人开始的"企业"变成了100人，再变成1 000人乃至10 000人，随之而来的的确是可以做更大的事情，但是同时也会有数千人的能力被浪费、被埋葬。一般来说，这就是所谓"组织"。我想，前文所提到的客户企业的"企业家"正是凭直觉感受到了这一点。

那么，在思考如何能够最大限度地发挥这个"组织"的能力的时候，从理论上来说可以有两个不同维度的考量。一个是组织中的每一个人具体做了多少工作的维度。也就是前面所提到的拥有100个员工的企业中，这100个人究竟做了多少人的工作的问题。另一个则是，员工所做的工作究竟有多少成为事业的"成

---

① 祭祀的神辇：日本神社的祭祀用具，指神社举行祭典时，象征神体或神灵乘坐的轿子，形状有方形、六角形、八角形等，多为木制，涂黑漆，配金铜金属配件，顶部中央放置一朵凤凰花或葱花，两根木棍穿过底座。
② 毛利元就的"三支箭"："三矢之训"原见于毛利元就写给其子的书信中，提到"三兄弟若不互相团结一致，将会像一支一支的箭那样被折断；但若是团结起来，将会成为三支捆绑成一捆的箭，就不容易被折断"。
③ 武田信玄的"二十四将"：指在日本战国时代仕于武田信玄的武将中，评价特别高的24人，其中最著名的是真田幸隆和山本勘助。

果"的问题（也就是工作是不是能够转化为成果）。在这里，我们权且把前者称作"效率"，而把后者称为"效果"。结果就可以用两个乘法算式来呈现。

"组织"论，一般是讨论后者的问题。当然，并不是说这个问题是愚蠢的。尽管每个人都非常努力并高效地完成了工作，但是最终并没有能够转化为事业的"成果"……如果出现这样的情况，那大概率是"企业家"的事业战略出现了偏差，或者组织结构、业务设计不符合事业战略的要求。这就像是"让员工去没有鱼的鱼塘钓鱼，没有带上鱼竿就让员工去钓鱼"那样，方向和准备工作有了偏差的话，再怎么爆发也不可能出成果。如果把营业部门和开发部门进行组织性的分离，那么适合时宜的商品开发就不能够实现。反过来，两个部门一体化过了头，带有长期视点的划时代产品也难以出现。根据意图，组织结构也会改变。因为不存在全能的结构，所以有必要沿着目标去设定结构。这就是纯粹的"组织"论（或者说以前的"战略"论）的问题。这里也没有必要再强调：大家拼死努力工作也没有能够出"成果"的情况，是"战略失误"或者"组织没有跟上战略的需求"，这也非常明显是"企业家"本人的责任。

但是事实上，"企业家"往往会把"效果"的问题转嫁到"效率"的问题上。汽车的行驶没有达到预期并不是汽车构造不好，而是燃料的燃烧"效率"不好。也就是说，员工们没有更有"效率"地工作，或者说，员工没有完成工作的能力，就是这样的思路。实际上，当"企业家"喊出"组织改革"的时候，其问题意识从一开始就指向了那里。这种情况并不少见，诸如"我们企业存在很多的浪费""没有危机感""不让员工们多拿出点干劲不行""沟通不畅""无法培养人才"等所谓"企业家"的哀叹，我真的听腻了。同样让我发腻的还有：被枚举的"业务改革"之类的课题中，原本是"让员工做什么样的工作"这样的业务设计问题也被归结到员工做业务的"效率"之上，也就是说归结于每个员工的"努力""意识""干劲"的问题。这样做的结果是，只能够出现"把员工当作赛马，用可视化的管理和业绩评价，用糖果和鞭子驱赶前行"这样的思考方式。如果出现了"1＋1＜2"的情况，首先应该解决的是："1"是不是能够完全发挥其作为"1"的作用。但是，这样的思考方式，根本无法在"组织"论中生根。

"组织"为了成为"组织"需要的"某种东西"

那么，为什么会变成这样呢？究其根源，大多数的"企业家"在思考"组织"的时候，都意识到了前文提到的"效率"和"效果"这两个维度的问题。换而言之就是，"劳动者方面"和"经营者方面"这两个维度的问题是一体且不可分割的，而不是还没有分割。"企业家"会把这种不可分割视为"某种东西"的存在。作为"组织"的精髓从结果上是无法用"组织服从于战略"这样的原理在二元论中来解释的，这一点也是"企业家"的实际感受。如果带着"'组织'是服从'战略'的机构或者说它的作用就是服从'战略'的需要"这样的思考，那么"人"也就仅仅变成可以更换的螺丝。但是，"人"是实实在在存在的，而作为机构的"组织"，只不过是展示其组成方式的一个概念而已。原本，即便是做同一件事情，根据"人"的不同，其相适应的"组织"形态也是变化的。这样的想法，在思考的逻辑排序中显然更加自然。再啰嗦一点，"组织"这个概念，其实是在"人"的大脑中（意识里）存在的假想的东西。包括非正式的关系、交流在内，在思考实际上"组织"是怎么运作的时候，就很容易想象。从信息的认知、共享、判断、创造到最后的行动，"人"实际上决定着"组织"的功能和工作，甚至其构造。这也就是常说的"组织依靠的是人"。

我们平时毫不置疑地使用着诸如"组织文化""组织风格"这样的词汇。虽然，它们是像"空气"那样很难意识到的东西，但是确实存在，这也是"企业家"的实际感受。那是无法完全归结于"组织"的结构、形态的，也是无法完全归结于一个个的"人"的能力的，是这个"组织"固有的"某种东西"。正是因为"某种东西"的存在，"组织"也好，"人"也罢，才会存活，才会死去。"企业家"在谈到"组织改革"的时候，到底是想改变什么呢？结局，往往就是这里所指的"某种东西"。如果把那些已经听厌的"企业家"的哀叹，也理解为是在这方面感受到的局促的话，那就不会再认为那是毫无由来的东西了。

这样的议论，原本多是围绕日本与欧美的"组织"观念的迥异而展开的。同时，也作为暧昧茫然的要素，经常被排斥在"经营科学"的框架之外。日本也处于重新审视现代"组织"和"个人"关系的浪潮之中。而承认存在这样的要素本身，就经常被视为一种陋习。但是，"组织"和"个人"就像是拥有整个构造的"全体"与构成要素那样，作为一个"原始单位"会呈现出某种对立关系或者从属关系，也因此会被分离、会被对置。从这样对置的二元论的思考中，"组织"所固有的"某种东西"并没有受到特别的关照，反而被遗漏。如果从最初就有要排除这种要素的想法，那也就顺理成章了。

记得在刚开始接触咨询业务的时候，我所身处的美系团队的德国咨询师就曾经提出过"组织的直觉"（organizational intuition）的概念。在当时英美流的思考模式占据压倒性的支配地位的时代，给我带来了对这种异样感觉不可思议的强烈共鸣，我记忆犹新。这当然是 35 年前的事情。如果是现在，在生物学、医学生理学的世界里，也不是"作为有机体的人类和动物仅仅是通过大脑这个中枢机构来进行判断并作出决策从而领导整个身体"这样单纯的模型，而且这也正在被科学的方式方法所证明。而在 35 年前，就已经关注到"组织"这个有机体的全身有着"直觉"在工作，这实在是崭新的见解、超前的眼光。事实上，好的"组织"，即便是通过末端皮肤的感触也可以感受到环境的变化，察觉到现在发生的事物，是可以在大脑作出判断之前就能作出适当贴切的反应的，即便是不通过大脑，在器官的相互作用下，发现体内的异样，去尝试修复。那就是，在"全体"（统辖它的大脑）和"部分"（服从大脑命令的身体器官）的认知框架下，无法解释的"组织"的真相。

之后，我也常年在思考，自己参与经营的咨询团队中一个个的咨询师与团队之间的关系是不是就像"酱瓜和糠床①""关东煮的食材和汤汁"那样。当然，所属的咨询师进进出出，新加入的咨询师就像新的食材，被加入组织这个糠床或者汤汁之中添加滋味，之后会在糠床或者汤汁中留下"为了下一代"的风味。咨询团队这个"组织"的"企业家"，就是管理糠床或者汤汁这种看不见的"某种东西"的负责人。

"组织"就是媒介"某种东西"形成固有结合中的"人"的集团。从这个意义上来说，固有的"人"形成固有的结合，作为结果把这个固有的集团称为"组织"。换而言之，"组织"就是：只能够作为固有的历史性的存在才能够被定义的。反过来说，像我们日常所思考的那样作为概念的"组织"，并不是真实存在的。在现实中，不设定固有的"人"去思考"组织"并没有意义。反之，不设定固有的"组织"去思考"人"，在经营上也没有什么益处。作为概念一旦被抽象化，那么能够决定现实中"组织"好坏的要素也大多会被遗漏。

"人"并不是作为概念中某一个功能可以被替代的零部件，而是作为固有的"人"的集团"组织"中第一次作为他这个"人"而存在。而"组织"也是因为由固有的"人"所形成才第一次成为那个"组织"。从这个意义上来说，两者是一体不可分的。

---

① 糠床：在米糠中加入盐、水等材料，制成糠渍。

"组织"创造了"人","人"组成了"组织"。通过这样的过程,"组织"就是持有身体的"组织"体,是唯一的固有的历史性存在。

如果是这样思考的话,那么经营在"组织"这个空间被共享的"某种东西"这件事情,就是交给"企业家"的工作。在"某种东西"的作用下,"人"可能会干劲十足,也可能会偷懒;可能会不断努力,也可能会放弃;可能会自发性地去做某件事情,也可能会只站在原地等候指示;可能会对自己的能力有所保留,也可能会发挥出意想不到的能力……就连团队运作是否能够实现,也取决于这个"某种东西"。作为真实的感受,现实中"组织"的好坏所反映出来的差距,比其他所有要素都更具有决定性。

构建"组织"是怎么一回事情

就像呼吸(一呼一吸协调顺畅)那样,甚至不用任何交流也可以配合得天衣无缝,即所谓一切在默契中行动的"组织"及其存在方式在这数十年中饱受非议,其理由是过于理想化和只存在于日本的特殊性,乃至于被直接定义为"那样的东西在世界上是行不通的",甚至由此而带来一股自卑的风潮。但是,按照常理来思考,比起"如果不说的话不会明白","即使不说也明白"显然更加进步。这种思想,被著名宫殿木匠西岗常一[1]归纳在了他所说的话中。而这种理想,也大概就是东西方的不同吧!

---

[1] 西岗常一:日本著名宫殿木匠,参与了昭和大修理,为恢复古代建筑技术作出了贡献,重建了法轮寺的三层塔和药师寺的金堂。

《在西塔工事中对全国募集来的17名工匠所说的话》载：

> 我想拜托你们用心工作。这不是劳动，而是工作。
>
> 　　如果是劳动，那肯定会优先工作的时间。即便是有时间也会等待上级的命令。并不是劳动，而是工作，工匠的每一个人心中都有一个建造好的塔，也都明白自己现在接受的是哪部分的工作。所以，完成了一个工作后，即便没有命令也会自觉地投入下一个工作。我认为西塔可以提前竣工的原因正是在这里。（西冈常一：《药师寺西塔的再建》，草思社）

"组织"在运营顺利的时候，"某种东西"会被默契地共享。这时候，构成"组织"的全体成员就成为感觉器官，成为手和脚，成为大脑。反过来，"组织"运营不顺利的时候，感觉器官、手、脚和大脑之间被分割得零零碎碎，无法工作，身体也无法按照意志去行动，应对变化的反应也会迟缓。因为那是非常敏感的，所以也持有"哪怕是细微的龟裂也会在不知不觉中发展成为很大的裂缝"的性格。

"组织"好像有什么不对……"我们企业存在很多的浪费""员工没有干劲""没有危机感""无法培养人才"……这些"企业家"所感受到的，全部都是"某种东西"出现异常的结果。是失去了"每一个人心中都有一个建造好的塔"。因为没有了心中的塔的共享，带来了意识错位，这在末端的营业员与营业部长之间，在营业部门和开发部门之间，在事业部门与管理部门之间的任何一个地方蔓延开来……最后波及了"企业家"与员工之间。如果这种压力持续累积,"组织"内部包括正式的、非正式的"人"与"人"之间形成的复杂网络就会受到损害,甚至会出现被破坏的局面。在这样的情况下,员工的"干劲"、自发性也就无从提起。

即便是在生物进化的世界里,也会有由于某种原因而繁盛的物种,随着环境的变化还是因为这种原因而灭绝的事情。没有适应的柔软性是非常致命的。即便是默契,也需要有意识地去质疑,去修正并形成新的共享。如果怠慢了,就必将成为双脚的枷锁,从企业外部招募多样的异质的人才也好,前往异文化的海外发展也罢,都会变得举步艰难。

但是,这并不是默契本身不好,默契无法被意识到、无法被控制,才是真正的问题所在。不言而喻,那肯定是高难度的工作。但是,退回"不说的话就不明白"的状态,也就是所谓形式主义的经营,降低甚至是拉垮"组织"的标准,那也是太幼稚的想法。作为进化到能够默契地、有机地开展行动的"组织",必须考虑到应该同时持有经营默契的权术。

从这个意义上来说,近些年来日本的"企业家"无意识地强烈感受到了在"组织"这个空间内被共享的"某种东西",想知道它的价值,不得不开始去琢磨它……与这种局促感相对应的是,刻意地、有意识地怠慢经营"某种东西"已经无法摆脱被诟病的结果。外部看来经营"某种东西"成功的"经营者",比如说成为时代典型的个性"企业家",如果观察他们到底做了什么,可能就会有所启示。但是，那只是特殊的"企业家"的案例，对于大多数自身就是受到"某种东西"的培育，作为结果站在了承担"组织"重任立场上的"企业家"来说，自己去改变"某种东西"确实是很难的事情。这也是很容易想象的。

把这个"某种东西"从意识里抽取出来，为"组织"中既有的默契重新注入生命。那又是怎么回事呢？

在这里必须铭记"每一个人心中都有一个建造好的塔"。这并不是意味着需要一张为了建成塔的精密设计图，也不是"设计图已经制定好了，请每个人按照图纸去工作"这种维度的话题。从栋梁的角度来看，每一个人的能力、意欲、（超出栋梁预测的）创意想法的披露，以及由此而生的创造性的工作拼装，才是真正的"组织"构建。也正因如此，"建造好的塔"并不是一张统一的设计图，而是存在于"每个人心中"。这一张张图里有着固有的多样性，有着独创性，有着由此而生的偶发性……正因为如此，才能够建造出一个人无法创造的好塔。不是简单的分工，而是真正意义上的"形成合力"。生产出超越计划和预期的东西，才是构建"组织"原本的意义。

反过来说，从失去活力的"组织"中蒸发的是，原本应该在那里存在的，描绘"每一个人心中都有一个建造好的塔"的创造性工作的空间。失去的是，从员工中抽取自发性、创意的凝聚点。在空气中飘浮的水蒸气也会因为成为凝聚点的一颗尘埃而凝结成水滴。只有在"组织"中，出现了每一个人的自发性和创意产生共鸣共振的凝聚空间，才能够第一次产生协同劳动的创造性工作。但是，"组织"中过去形成凝聚点的空间，随着时间的流逝，逐渐变得普通，甚至反过来成为旧习、陋习的温床，开始与新环境产生摩擦、格格不入。当你察觉到这样的氛围的时候，为了提升员工的自发性和创意，就必须赶在变化的前面创造出可以凝聚"共感"的新空间。开创这个空间，并不断地注入新的生命，这也是"企业家"最重要的工作。

这也是"企业家"将自身对"心中建造好的塔"的热情和描绘，作为原型去向员工展示。既然是要创造出面向未知领域的自发性的彰显创意功夫的空间，与精致详细的具体性相比，则既要有宽度，也要有深度。从好的意义上来说，需要具备一定的暧昧。"共感"的深度，不可能从精密中诞生。"企业家"自身必须全身心地投入，不可或缺的是"我坚信就是这样的"这份真挚的热情和深刻的信仰。也许可以这么说：那是包含了迷茫和烦恼在内的"企业家"自身真实自我的暴露。"企业家"自身苦思冥想，所表现出来的迷茫，也是对创造的强韧意志的体现。如果这是真实的，员工一定会感受得到。至于空白之处，员工会用创意去填满。这也是真正意义上的"委任"。从"企业家"的角度来看，能够感受到"组织"所爆发出的超强能力，恐怕也是在这样的情况之下吧！

对于有的"企业家"来说，"共感"空间一开始就已经被创造出来了，那里应该是继续工作的干部和员工披露自发性的创意的场所。如果是这样，他们自己也能够在脚下创造出"共感"空间。"组织"中创造出来的空间，创造了"人"，而"人"又在脚下创造出新的空间。这样创造出来的空间的累积，也就成为"组织"这个独自的"空间"。

这也是"组织"之所以成为"组织"的缘由。

在好的"组织"里，就是这样，不光是"组织"全体，其中任何一个地方，都存在着被反复折叠的、通过"人"的活跃带动"人"的创造工作并培育"人"的空间。

但是，环顾周边，到底还有多少"企业家"能够抽取出员工"心中建造好的塔"的连锁反应呢？在最初播种的时候，是不是就做到了呢？

在"动荡"的时代谈"动荡"，这种评论家的作用，并不是"企业家"的工作。"今后会是这样的时代""今后行业会这样发展""今后……是最重要的"这些不知道从哪里借来的话语，说得再多，也不会使有凝聚力的"共感"产生。

那只是"企业家"对自身所面临状况的解释，说得更加严厉一点，那是"企业家"在"甩锅"，把来自外部要求的课题甩了出去。而在员工看来，做这样的"接盘侠"简直就是一种烦扰。

这里必须指出的是置身于这样的环境之中的"企业家"自身真实的"自我"。之所以称为"自我"，是基于这样的意义："企业家"并不是主语，自己才是主语。在表明坚韧的意志"自己是这样信奉的，所以这样去做"的同时，全身心地投入，面向员工提出问题并发出号召"因为想这样去做，所以一起去做"。并不是因为"企业家"是"企业家"，而是因为能够这样去说的人才能够成为"企业家"。如果不能让员工转向你，那么在那个时间节点上，你就已经丧失了作为"企业家"的资格。从这个意义上来说，这里的问题提起应该是值得拼上性命的。

但是，就这一点而言，没有人可以替代。只有在这个时候，不可能有协调的人，只可能是真实的"自我"。去成为"组织"中的"人"的"共感"凝聚时最初的那一颗尘埃，去创造出因"某种东西"而产生的漩涡……只有这样，也只能这样。我们称能够做到这些的人为"企业家"。这也是最原始的工作。

如果"企业家"真实的"自我"原本也是空空如也，那么其他事情也就无从谈起。这一点一定要铭记。究竟"企业家"的"自我"有没有内涵，员工比任何人都要清楚。只是单纯地罗列或梳理世界的潮流，靠着借来的东西缝缝补补，想修复员工们"心中的塔"，显然是难以实现的。之后，即便是讲再多的"组织"论，也是徒劳。充满半信半疑的"组织"体，无药可救。

从结论上来说，能让"组织"成为"组织"的"某种东西"就是，"企业家"真实的"自我"成为火源而诞生的东西。这不可能从其他地方产生。"企业家"的领导能力，应该就是这个意义。

不是一个有个性的人也没有关系，平凡的人也可以作为一个平凡的人，拥有强有力的领导能力，只要全身心地去投入。只要你拥有这样的热情和能量，之后的不足、空白，自然会有"组织"来填补。

"组织"的尸体

在"组织"这个空间里，带来生命力的"某种东西"如果僵直化、形骸化了，那么"组织"中活性化的"人"的网络，就会开始向"组织"外部流出。

在现代的日本，人们的工作方式从"组织"主体开始向"个人"主体转换。这样的说法产生的原因在于，以前"企业"的"组织"空间里得以生存的"人"的网络，也就是共享"心中建造好的塔"的工作网络，开始腐朽，"企业"也开始转变自身的模样。与其说是时代、"人"的价值观有所改变，还不如说是"企业"发生了变化。而不是相反。将"企业"变成这个样子的，就是"企业家"自身。

对工作的"人"来说，"组织"所持有的意义在于，是让自己成为固有的"人"的场所，最重要的是迄今为止是这样，今后也不会改变。但是，如果"企业"里没有了这样的场所空间，那工作的"人"选择离开"企业"也是理所当然的事。

如果没有了能够唤醒对于"组织"来说重要的"某种东西"的"企业家"，这个"企业"也就不能够成为真正意义上的"组织"。最后残留在"企业"的员工，正是那一百人中不出力的或者少出力的三四十人，这显然已经无法称为"组织"了。

变成这样，并不是时代的变化所导致的，而应该归结于"企业家"自身拔去了"组织"的精髓。这一点必须自我警诫。

改革

"改革",顾名思义并不是常态化实施的事情。

如果24小时都在改革,那么就没有时间稳定地做事业了,那也就不能够称为"改革"了。

但是,即便如此,全世界都在流行"改革"。

同样,"变革""革新",虽然意思有所不同,但还是很流行。

在这种流行趋势中,渗透出"企业家"的焦躁:"不能一成不变!"

同时,这里面也被涂满了反映不"改革"就没有生意的媒体、评论家、学者、咨询业者心思的浓厚色彩。他们是一个依赖"面对'变化''企业'抱有的强迫焦虑"为生的种群。

当然,时代在变化,世界也在时时刻刻发生着变化,事业、企业也要应对这些变化。这也已经成为经营的课题。一方面,在日常生活中不断对自己企业的商品、服务打磨完善,修正事业的方式方法……为了达到这些目的去改变企业的态势……这些都是"企业家"必须认真对待的事情。另一方面,人类的组织很容易凭借惯性随波逐流，从本性上持有一种执着：就像到昨天为止那样会有今天，就像拥有今天那样会有明天。原本是希望大家去挑战"变革"以前的工作方式，"革新"以前的工作方法。但是，员工们还是在不知不觉中坚持习惯了的工作方式和方法。使出各种招数促动这样的企业发生变化，就是"改革"。但是，如果必须连续不断地高唱这种"改革"的话，那也就意味着这种"改革"永远不会取得成就，就像我们的书桌上摆放着的"座右铭"那样。

但是，"改革"就是这样变成了常态化，这又是多么滑稽的事情。对于咨询业者来说，这是天大的喜讯，但是对于"企业家"来说，"改革"就变成"狼来了"的故事，着实令人忌惮。"把变化变成常态"之类的话听起来很好，但那只是心态维度的话题。

之所以将"改革"常态化，从某种意义上来说非常明了清晰。

那是因为"即便你明白，但还是做不到"。"到底应该做什么""应该怎样去改变"，不是说"不明白，所以做不到"，而是"明白应该做什么，但就是做不到"。就像明明知道必须好好学习但还是沉溺于游戏的孩子们那样，就像明明知道不改变生活习惯就不会有改善却难以改变恶习的大人们那样。明明知道哪里存在问题，然而"即便你明白，但还是做不到"的理由是，"改革"之手并没有触碰到深层的病根。结果，只能是奔波于应该做的课题，反反复复地把替代品换来换去，摆来摆去……什么都没有改变。

因为没有"为什么不能做到"的内部反省，所以这样的结果也是必然的。

真正的病根，就是"即便你明白，但还是做不到"的理由，不经过执着的挖掘是不可能抵达的。这需要反反复复地去追问："为什么做不到"→"那是因为×××"→"那又是因为什么"→"因为有×××"→"那又是因为什么"→……"没有好的产品"是因为"开发能力弱"这样的答案，显然是不够的。"开发能力弱是因为开发部门的组织出现了问题""与营业部门之间的信息沟通不顺畅"这样的答案也还不够。"为什么会变成这个样子"，进一步，"为什么这样的状况会被置之不理"这样的问题如果不能被提出来，那么肯定没有办法解决。因为开发部门变成这个样子，应该不仅仅是开发部门出了问题。当把企业作为有机体来思考的时候，某个地方出现症状所代表的是，复杂结构的全体出现了不协调的结果。如果不能找到问题的根源，对全体进行重组，而只改变局部的话，当"改革"的热度退去，就像具备形状记忆的合成金属那样，企业很快就会恢复原样的。

在"为什么……为什么……"的反反复复中，最终可以抵达的，大多是对企业、对企业家来说不愿意面对、不想听，甚至是不愿意触碰的事情。如果不能执着地针对这个在无意识中四处逃避的真正的病根去深挖、去追究，"不能够的理由"就不会露出它真实的面目。即便有困难，也要去找到这个"不能够的理由"，去消除这个隐患。如果不能这样，那就不可能做到"能够"。

这，也许是浸润了长年营业成功经验的陋习或者交易方式，也许是与在销售额中占有大量份额的交易方之间的关系，也许是构建了与这个交易方长期关系的功勋元老或是董事会成员，也许

改革 | 119

是之前作为企业竞争力源泉的高收益部门的骄傲，也许是对参与这项事业发起的前辈企业家的照顾，也许是一心想着推进这个事业的企业家自身的信念，也许是将现在的干部推上现任岗位的评价制度，也许是创业以来一脉相承的经营理念、企业文化……不管怎么说，很多时候，越追究就越会触及"企业"的禁忌。

但是，不管如何想去规避，包括"企业家"在内，多数员工已经无意识地（或者直觉上）知道了：在那里有着真正的病根。反过来说，是不是真的要对那里动刀，需要全体员工从一开始就对自己有清晰的认识，需要"改革"的觉悟和认真的态度。从这时候开始，"改革"才真的开始了行动。

这是一种痛！有时候是剧痛！但是，不痛就不是"改革"。不可能存在没有摩擦的"改革"，这种痛越剧烈，"改革"的意义也就越巨大。

那么，为了完成这样伴有剧痛的"改革"所需要的原动力是什么？

如果面对的是类似濒临破产的生死危机，那肯定也不会有什么犹豫的余地，但是，反过来说，往往到了这时候，"改革"也已经太晚了。"改革"，需要在西洋的黑船①进入视线之前就行动，在健康时期就开始行动才是真正的"改革"。人类只有在危

---

① 西洋的黑船：江户时代末期，西方国家的大型船只由于船体被涂上防止生锈的黑色柏油，而被日本人称为"黑船"。黑船事件特指 1853 年，美国海军准将马休·佩里率舰队驶入江户湾浦贺海面的事件，佩里带着时任美国总统米勒德·菲尔莫尔的国书向江户幕府致意，最后双方于次年签订不平等条约《神奈川条约》（日本通称为《日美和亲条约》）。此事件一般被视作日本闭关锁国政策的结束，幕末时代的开端。

机变成现实时才会感受到"危机感",从这个意义上来说,至少在定义上,"危机感"不可能成为"改革"的原动力。很多企业家会反复感叹"我们的企业缺乏危机感",不管怎么煽动,"改革"还是难以取得突破,这一现象变成常态化。这样的情况就是最好的证明。尽管反复呐喊"去改变!去改变!"尽管论理性地强调"改革"的必要性,但大多时候,"人"并不想认真地去改变现状。这不是理论,是面对现在还没有变成现实的危机的一种选择:不"改革"也没有关系吧?有必要这么卖力吗?如果没有充分的想象力,能预见到现在不"改革"将来会付出更多的辛劳,那谁也不愿意自掘那些自己也可能进去的坟墓。

反过来,人们常说,如果把应该改变成的模样像在赛马面前悬吊的胡萝卜那样放在大家的眼前,"人"自然会有所改变。之所以没能够改变,是因为看不到改变后的成功和报酬。同理,看不到改变后的并不确定的成功和报酬,这也是事业活动的日常。如果,这是摆放在眼前可以看得清清楚楚的东西,那么不管是谁都会改变。所以,对于"改革"也大可不必大惊小怪。

如果能够这样思考,那就可以明白,"既然想想也没有什么坏处,那就会自己否定现状",这才是"改革"实践的障碍。当A"变成"B,人们的视线和关心都会集中到"会变成什么样子"的B之上,表面的意识也集中于探索B。但实际上,逃避面对应该被改变的原始状态的A,不能切割应该被否定的A,这些才是"改革"的深层心理。一边在探索B,而心里却在想:A有什么不好?迄今为止不是一直这样做的吗?类似"我们企业要保留好的东西，改革坏的东西"这样半吊子的言论，就是这种状态的具体表现。"迄今为止并不坏，但是为了将来的发展需要改革"这样的说法，结果，因为需要改变的对象不明确，大家也就仅仅是按照对自己有利的方向去理解。如果说，把业绩管理的方式改变成"重视利益"，那么就必须完全否定先前的"重视销售额""重视市场占有率"。如果提到事业的"选择和集中"之间的关系，那么比"集中"难上好几倍的是"选择"并舍弃。历史学家半藤一利①通过其初期的代表作《日本漫长的一天——命运的八月十五》就教导我们"挑起战争是简单的，但是停止战争会是一件巨大的工程"。"企业"所开始的事业，从本质上来讲，也是一样的。

咨询业者经常一边高唱改变现状，一边反复强调未来应有的姿态，也就是在推销 B。真正的难题是：如何从 A 变成 B，也就是说如何远离 A。作为终点的 B，一般来说，有头脑的人稍加思考就可以理解。"B 是好的"这一点，作为总论也不会有人反对。

因此，"改革"需要在日常生活中书写对现在的"否定句"。光有面向未来的"肯定句"，"改革"是无法前进的。但是，在众多企业作为成果呈现出来的"改革"纲领却充满了"肯定句"。比如说"变成○○""新引进□□""构建△△组织体系""改变成＊＊制度"……但是，原本在这背后，就像"不是●●，而是

---

① 半藤一利：日本知名作家、散文家、历史学家。曾担任《周刊文春》《文艺春秋》的主编，擅长写作近现代特别是昭和时期的历史。著作《昭和史》《日本漫长的一天》获每日出版文化特别奖、菊池宽奖。

变成○○""废弃■■，新引进□□"……一样，应该隐藏着"否定句"。"●●"这个被否定的对象越是明确，作为终点的"○○"的意义就会更加鲜明地浮出水面，就能更好地带动具体的行动。用勇气和觉悟把应该否定的东西揪出来放在砧板上，不管有多少棱角，忍住疼痛，耐心、认真、仔细地一一剔除……这才是被冠以华丽之名的"改革"的素朴的工作。

但遗憾的是，人类想象力发挥作用的倾向在于眼前的现在的失去，而不是对将来的悬念。人们会把"在对现在的'否定'中可能出现的副作用"作为实际上也不清楚到底是否会存在的"弊害"，搬将出来，作为踩下"改革"刹车的托词。就这样，当触及具体事物的时候，语言的表达就瞬间失去锐利而变得温和，开始模糊而变得多义，渐渐地否定句变成了肯定句，真正的含义也只剩下些许的残留渗入在字里行间。其结果是，很少可以看到有明确的否定句缀饰的"改革"纲领。

尽管，"改革"一定会伴有"弊害"，但是真正可怕的是半途而废（不能完成预期）。如果半途而废，"改革"的本意就无法达成，并以"失败"告终。如果是副作用的话，还有可以治疗的药物，还可以修正、修补，但是"失败"的话不光没有任何收获，只会在企业内留下"放弃"这个难以愈合的伤痕。这种情况才是还不如从一开始就不"改革"。发生"弊害"，其实是"改革"起到了作用，是一种成功的证明。这是已经离开了想离开的地方、已经废弃了想废弃的东西的证明。要有"不存在'改革'过头一说"这样的想法。即便是如此，想要十成的改革，终于完成了三成……这也是"改革"的真实情况。

"如何蜕去包裹在身上的皮囊"是"改革"的精髓。尽管全力以赴、连续不断地做着"变化形态"的准备，但是过了多久也不能从躯壳中蜕皮而出，始终停留在蛹的阶段……实际上，类似这种情况的"企业"，缺乏成为蝴蝶的勇气的"企业"，实在是太多了。

在这样的难以开始的"改革"的背后推一把，打开最后的启动开关，又是怎么一回事呢？当我们思考原首相小泉纯一郎所说的"抵抗势力"到底是谁的时候，那应该是最不愿意自我否定的人吧！当然，对于构成"企业"的每个人而言，否定现在就会被认为是对自己身份的否定，谁也不会欣然接受。但是，组织、员工需要像生物那样适应环境，实际上最需要适应的是站在最高点的"企业家"。从这个意义上来说，需要否定的现状最终就是"企业家"自身的镜像。迄今为止，比这家"企业"中的任何人都能够适应（这个"企业"）并因此走上了现在岗位的，正是"企业家"自己。当代的"企业家"，若不是处在大大超越前辈"企业家"或喜欢否定前辈"企业家"的特殊时期，在大多数的场合下，否定"企业"的现在也就是"企业家"对自身的否定。

哀叹"我们企业的员工很难转变""难以培养"的"企业家"很多，但是使员工成为现在这个样子的也正是"企业家"自己。这些"企业家"如果能够把目光投向这个理所当然的现实，那就应该感受到："改革"最终的必需条件归根结底是"企业家"自身求变的觉悟。在"改革"的战场上，咨询业者最重要的事情就是直截了当地告诉"企业家":"如果你没有改变,'企业'就不会有变化!"从这个意义上毫不夸张地说,实际上,"改革"在成为经营课题之前,原本应该是"企业家"自身的课题。人们经常会这样想象"改革"的光景:"企业家"使尽浑身解数,奋起努力去改变一个谁都难以撬动的顽固企业……如果"企业家"能够认识到,"企业"是映照自己姿态的镜子的话,那么"改革"肯定又是另一番光景。"企业家"如果不能拿出"像忍受自身疼痛那样,哪怕是疼得满地打滚也要忍耐,去谋求改变"的觉悟和勇气,"改革"就不会取得成就,会被拖拖拉拉、无休无止地落入常态化。尽管,这样的结局,从某种意义上来说,也是变的结果。

对于"企业家"们来说,所谓"创业难,守业更难"的道理,也应该在于此。

如果这时候被问:"支撑'企业家'觉悟和勇气的到底是什么?"只能够回答:"是谦虚的'怀疑'、纯粹的'上进心'和丰富的'想象力'。"

这是一种力量,把未然的危机转化成能量的力量。即便是处于顺风顺水的时期,也需要以真挚和纯粹的好奇心对自己、对"企业"连续不断地深层次地质疑:"现在这样真的好吗?"

这也应该是"企业家"资质中,最有人性的"器量"。

M&A

M&A 原本并不是经营的课题,而是手段。

1987 年 12 月,我所属的咨询公司还处在刚刚开业的阶段,与日本经济新闻社一起举办了"如何策划企业变革"的经营学习会。至今令我印象深刻的是题为"战略性 M&A 的地位"的嘉宾讨论环节,不光是因为它被当作了一整天学习会的总结,更吸引参会"企业家"和经营策划负责人眼球的是,讨论中迎来了当时非常知名的投资银行的专家,讨论的激烈程度也近乎白热化。

当时正处于日本经济面临转型、企业成长的舞台也有所改变的时期,也是作为改变"企业"事业的一种手法的 M&A 刚刚崭露头角、开始受到关注的时期。当时 M&A 这个词语如此新鲜,现在想来,恍如隔世。而当时所认知的"战略性 M&A"这个词汇,在之后的二三十年间不知不觉地更换了语序,变成了"M&A 战略"这个不可思议的概念,让人感到脊背发凉。

M&A 作为实现"战略"的手段被一般化,显然是一件值得开心的事情,不过,那是"战略"的实现手段(选择项)更加丰富的意思。但是，理所当然的是，手段本身并没有"战略"。打着"M&A战略"的旗号，准备好了钱包，思考着这个预算可以买到什么样的企业……当被提到这样的话题的时候，真的难以理解。难道"我们企业的M&A战略"就是有钱人的"资产运用战略"？还是闲散的贵妇的"购物战略"？

M&A这样的资本交易本身无非是单纯的加减法。在这里加上"战略"，显然有着更深层次的意义。在我学习M&A的地方，资深的专家经常断言："M&A是买方战略。"尽管卖方也有着各种各样的事情缘由，但是最终向M&A注入新的生命是买方的工作。

但是，实际交易的并不是"企业"而只是股份。如果只是限定地取得股份，那就是获得受益权。从这个意义上来说，这和通常的"投资"并没有什么两样。但是，M&A所指的是，不局限于投资获得受益权，而是获得具有影响力的决议权或者支配权。而这是为了战略性地去行使决议权、支配权。

在这里，我们仔细想想，到底买方是谁，是谁将行使这样的权利，就会浮现出一个无法用一条线来解释的复杂构造。如果，股份所有者从A（个人）转变成B（个人），那么就是简单的股权转让。如果其中包含了支配权，那就是股东企业家的更替。但是，一般的M&A的情况是，作为买方的B是法人的"企业"。作为法人的"企业"拥有另外一家"企业"的支配权（acquisition），或者说原本不相干的两个"企业"变成一个"企业"（merger），到底意味着什么？

因为从某种意义上因可以形成相互利益而结合的自然人之间

的关系，在市民社会中，是没有强制的支配力的、具有自由意识的对等关系。如果置换到"企业"这样的法人之间的关系，那首先应该是交易关系，如果能够进一步加深合作，那就成为业务提携之类的合作伙伴关系。这里并没有强制的支配力，比如作为技术提供与其受益权的共享的资本提携，就是一种这样的关系。"企业"这样的法人缔结互补的合作关系，与人类之间进行普通的交易、相互交好，应该属于同一层次。如果只是在这个范畴可以解决的话，也就没有为了行使支配权而实施 M&A 的必要了。那也只是商业化的关系。

但是，如果在那里出现了具有强制力的支配关系，或者说出现了更进一步的一体化，理所当然地，作为被支配方的"企业"的独立性和自律性就会丧失。行使支配权就是这样的。不管用怎样的甜言蜜语进行伪装，最后原本在那里的"自我"（如果是人的话）还是会被剥夺。从这个意义上说，M&A 也就是一个"自我"的消灭，也可以说是一个"自我"吞噬另一个"自我"，而产生一个新的不同的"自我"。

在日本的企业界，对于一个"自我"的消灭尽可能给予极致的关怀，是通常的习惯做法。曾几何时，大企业之间的合并，真正意义上的完结，也就是到全体员工顺利进入合并后的新企业为止，需要经历数十年的时间，一边借对等原则之名、相互尊重之义，确保和平推进所谓的加法人事[①]，一边等待时间来解决问

[①] 加法人事：只做加法不做减法的人事调整，也就是只增加员工，不裁减员工。

题。在同业者合并中这样的案例特别明显，也可以说是温和缓慢的环境变化和长期悠闲的时代产物。同时，从有意识地、能动地促进融合的视角来看，被诟病为"根本无计可施"，也无可厚非。但是，在所谓"救济合并"案例中，除了一方的"自我"早已死去的情况，历史上更多的案例在这一点上基本被认为是五十步笑百步。

在时间的流逝越来越快的现代，这样的课题当然不能被克服，反倒是增加了各种各样的尝试和失败。买方"企业"应该如何实施 M&A 才能注入新的生命，如何行使支配权才能够实现战略意图……仔细聆听 M&A 专家口中的"企业""企业家"的经验诀窍论，就会发现终极答案也就是集中在这一点上。

这也是作为交易成立的 M&A 的成功率甚至不及两成的缘由。如果不能融合"自我"，"战略"性的意图也不可能达成。既要"尊重对方"又要"使对方遵从积极的意图"，这样的理想论的背后，潜藏着本质性的矛盾。这一点，谁都看得明白。

两个"自我"无法融合在一起，也就意味着两个"经营"主体都半途而废地残存在了那里。换而言之，就是无法在内部把两个"自我"捏合成一块。反过来，我们经常看到的大多数情况是：不管是有意还是无意，故意将这个问题暧昧处理，双方拥有各自方便的两个面具和两副口舌，根据需要分工处理。

在被收购的"企业"看来，既被要求自立，又被要求归属。也就是，既要有自发性，又要有从属性。这又该如何区分呢？这样的理论，是不是也就像是随着自己的性子挑选对自己有利的话说呢？于是，无法融合却作为半途而废所残存的"自我"，变成了一个扭曲的"自我"。

经常听到类似"被收购后业绩、工资都很稳定，员工们变得更加幸福了"之类的话，仔细思考一下就会发现，基本上都是从收购方的嘴里听到的消息。员工的生活有可能是稳定了，但是作为"企业"的"自我"呢？在"企业"的"自我"之上成形的员工的自发性的创意呢？这些是不是也一样稳定了？这值得怀疑。

问题的起源是，在收购方的"战略"策划阶段，另一方只被看作是一种经营资源或者说是一种功能。为了"战略"性地完善收购方自身的保有能力而获得必要的资源或者功能，这从某种意义上来说，也是极其自然的事情。这一点，即便是站在被收购方的立场上的"企业"及其员工多多少少也会有一定的意识。但是，实际上收购对方并行使支配权，并不能够像处置资源、功能那样去对待对方，更不能够像命令奴隶、机器人那样去使唤对方。

虽然幻想着资源、功能，实际上收购的却是有血有肉的实实在在的"企业"，这种特殊的分裂就是 M&A。作为结果成交之后，需要让两个"企业"的"自我"相融合。这是需要细致想象力的工作，这也是真正的经营工作的开始，也被称为 PMI（post-merger integration）。从"企业"经营的视角来看，这并不是收尾的工作，而是主要的工作。能否达成两个"企业"的"自我"的融合，将决定"战略"意图的目的，或者说是原本的目的是否能够达成。

作为法人的"企业"对另一个作为法人的"企业"行使支配

权,归根结底,M&A所实施的"战略"性意图,也就是"企业"意志的共享。共享,即持有不同历史"记忆"的两家"企业"的"自我"作为一起遥指将来目标的"自我"。

这对"企业家"来说,与经营一个"组织"并没有本质性的不同,可以说,只是提高了难度。跨界的M&A,应该难度更高。不管是作为法人一体化的情况(M),还是作为维持不同法人的外形的情况(A),必须要有"每个人(或者说每个企业)心中建造好的塔"的存在;也必须一边共享这个塔,一边创造出"自发性地发挥创意的空间"。这种创造,既是"企业家"的工作,也是"企业家"能力的试金石。

从咨询业者常年身处现场的经验中可以得到这样的实感:如果细心观察那些凭借坚强意志和速度感达成不同"自我"融合并取得成功的案例,就会发现,其中存在着只能用"文化会从高处流向低处"来形容的"自我"位置的"能量差"。在两个不同的"自我"之间,一方能够完全包容另外一方,而且作为结果大家都可以接受……这完全取决于器量的差异。当然这归功于收购方的"企业家"和经营团队的技巧和力量。这说明,面向共同的目标,两者(两个企业)既可以各自发挥自发性的创意,又能够在创造共享空间中取得成功。在这种情况下,一方"自我"的消灭并不是什么敏感的事情,而是作为新的"自我"被积极地认可。这时候,一方的"自我"包容了另一方的"自我",第一次诞生了新的"自我"。作为两个"企业"的"组织"被整合,实现最初憧憬的"战略"性意图的道路也被打开。

对作为收购方的"企业家"来说，M&A是从"战略"构想出发最终到有血有肉的"企业"的不同"社格"的融合为止的一连串的挑战性的课题。

但是，这里又要说"但是"了。

这个"组织"整合的工作，原本是作为M&A的收尾工作，交给事务性部门处理就可以，但是现在却变得越来越多。整合，被作为事务性的工作来处理了。反过来，竟然出现了这样的情况："企业家"的工作是，决定买什么，决定卖什么，引导这笔交易成功……

但是，如果M&A不能完成"组织"的整合，那就是单纯的"投资"。近来，这样的情况越来越多：不少事业公司虽然自称是M&A，但实施的却是与通常的"投资"并无两样的交易。换而言之，事实上仅仅是加法（或者是减法）的交易也被恶意包装成了M&A。就眼前的事业规模而言的确是做了加法，但是加法以上的"战略"性意义是否存在？别说意志，根本就没有走出预想、期待的范畴。如果说在构想中存在哪怕是一点点的"战略"性，那么没有意志是否能够获得"战略"性的成果，完全是走一步看一步，走到哪里算哪里。从结果来看，过了一段时间，"悔不该当初做了加法"的案例比比皆是。

在很多"企业家"的脑中，正在滋生出某种奇怪的错误思想。

这里有着这样的时代背景：一方面现有事业遭遇瓶颈，行业重组迫在眉睫；另一方面被要求找到新的增长点，但如果盲目无序地扩张的话又需要整理（选择与集中）……问题的关键在于，应对这样构造性的课题，与其说是被"企业"内发的论理所驱动，还不如说是来自资本市场提升效率的胁迫，是以财务性课题的形式摆在了桌案，不得已才作出的紧急应对。

已经习惯于企业集团、相互持股，或者说难以从"自有资本"概念的错误解释中解放的日本"企业"和它们的"企业家"，有史以来就一贯对于资本的意义、股东的权利等"毫不感冒"，并延续至今。其中，就有相互持股，要知道这简直就是把股东的权利封印起来锁进保险箱般的制度。明明是持有了股份，但是却没有投资的意识。反过来可以这样认为，对自己"企业"的资本成本这个概念没有充分理解的"企业家"实在是太多了。这样的"企业""企业家"，面对来自投资家、资本市场的压力，终于开始萌生出的是对资本、股东权利的正确认知，是对资本效率的意识。

能够从长梦中醒来自然是值得庆幸的事情，但问题是资本意识刚刚萌生，在财务领域被唤醒的"企业家"的自我认识却过了头，直接冲到了对岸。原本应该走进河岸，与投资家隔岸协商，现在却无意识地渡过了河。这说明，在"企业家"的意识里、视线里，已经完全依赖于投资家。意识和视线已经来到对岸，就会觉得M&A是身处对岸获得"投资"对象最好的手段。被财务性的"眼镜"所框定的M&A，变成了单纯的"企业"中事业的挪进挪出、事业在财务报表中的更替。

但是，原本"企业家"的作用并不是制造一个在股东或者投资家看来有希望的、充满魅力的"事业菜篮子"。以投资的风险回报的观点思考财务报表,是投资家的工作,并不是"企业家"的工作。如果"企业"仅仅是收藏投资对象的事业财务报表的箱子,最终,一个能够随机应变的、可以分拆、拿进拿出十分方便的箱子肯定是最好的。那应该是一个可以收纳买来的食材的购物袋,但是购物袋并不能把食材变成晚餐。"企业"也不是投资对象事业的收纳箱。即便是看上去完全不同的由多个事业部门构成的"企业",那也是由密切的意义组成的一个有机体。

如果说"企业家"的财务报表确实存在,那么也必定是由"战略"性的意图(线)① 编织而成的财务报表。"企业家"绝不能逃避这样的编织工作。在一个菜篮子里放进两个有亲和力的事业体就自然可以产生协同效应,这种事情绝无可能。"企业家"必须持有的洞察力不在于产生协同效应的可能性,而是实现创造性的构想。反过来,在这个构想中,必须要买什么的答案会自然而然地出现。为了这个构想,做周到的准备,等待时机的到来,这才是"战略性的M&A",这也是"企业家"的工作。绝对不能搞错思考的顺序。

自称"M&A战略",手握钱袋子奔走于商场购物的行为,是用购物在混淆自身构想能力的缺失。

"企业家"的意识(魂)绝不能渡河到对岸。

M&A这种手段有着一种魔力,可以让你陷入"企业家"、陷入实际经营的错觉。

---

① 在日语中"意图"与"糸"发音同为IDO,在此使用了"编织"等词语,为谐音梗。

如果你开始怀疑自己是否已经抛下了本分的工作,逃避在"购物氛围"之中,那么现在就必须醒来!

"企业家"被要求的洞察能力(insight),在于创造性地判断事业价值和事业发展道路,而不是终极购物的嗅觉。

开发

"开发"是经营的世界中最多用,甚至被乱用的结尾词之一。"商品(产品)开发""研究开发""技术开发""事业开发""人才开发""系统开发",有些时候还会有"市场(顾客)开发""渠道开发""组织开发"之类的概念,此起彼伏……这也使得对"开发"一词难以定义。但不管怎么说,作为"企业家",会把还看不见的事业的明天托付给"开发"并为之付出努力。对于"企业"来说,"开发"的成功与失败及其成果,不管在什么时候,都是最令人关心的大事。这也不是局限于开发型企业的话题。

把"企业"所拥有的可能性挖掘出来,将智慧聚集起来,尽其奥义,进行资源最优配置,开拓事业的新道路……如果我们把这样的活动定义为"开发"的话,那么"开发"就是"企业"事业发展的原动力。其本质应该是,承担风险、挑战未知的创造性的工作。如果"企业"是为了自己坚信的"价值"的实现而承担风险去挑战事业的存在的话,那么,可以说,"开发"才是这个"企业"的本义,是这个"企业"存在的意义。

从这个意义上来说,"开发"是"企业"这个迷宫中最深处的院子。

意志与论理相互竞争的界面

在"开发"行为眼前,已知和未知之间,可能与不可能之间,种子与需求之间……一个深不见底的峡谷默默地张开大嘴。能够制造这样的产品吗?这样的东西也卖得出去吗?这样的事业会顺利得以开展吗?人们在不断挑战各种不可思议的尝试:哪怕是可以把峡谷稍微填埋一些,或者是在峡谷之间架上一座细细的桥……总之,必须要最终越过这个峡谷。借用马克思(在《资本论》中)的话来说,那就是"惊险的跳跃"。

"开发"是"企业"中这样的事业活动的本质被剥离、被暴露得最极致的局面。之所以说是本质,那是因为如果除去了这些,那"企业"也就不成为"企业"了。

但是,应该怎么说呢?之后,又应该怎么说呢……长期连续地站在咨询业者的立场来说,接到这样的"开发"咨询案件的时候,实际上是最难的。感受到了现有事业的瓶颈,不理会周边的嘲讽,想要去开拓新的道路,接下来"应该开发什么样的商品为好""应该寻找什么样的技术为好""应该开始什么样的新事业为好"……当遭遇这些烦恼的时候,"企业家"会把这些烦恼一股脑地抛向我们。

但是,就"开发"自身而言,这并没有答案。与其说是没有答案,从某种意义上来说,连走向类似于答案的确实的途径也没有。既然是挑战未知的创造性的工作，这也是理所当然的。如果有了确实的途径，谁都已经在走了。正因为这样，这也是除了这个"企业"自己，旁人（其他企业）难以替代的工作。咨询业者、外部的专家这类的第三方，也根本不可能取代。哪怕是提出点建议，也是很有局限性的。咨询业者所能做的，充其量是对即将展开"开发"的具体案件的实现可能会遇到什么样的障碍，挑战"开发"的体制是否还存在问题之类提出一些建议罢了。至于"开发"什么，是不是真的挑战，这样的根本性问题，也只能由本人回答。如果拿体育竞技来打比方，那取决于选手本人的意志、才能、创造性，而不是取决于教练。如果能够这样思考，"开发"就不是应该委托给被称为咨询业者或者外部专家的工作。如果委托给了他们，那就等于在询问他人："我到底想做什么？"

当"企业家"想加上"开发"这个结尾词的时候，必须认识到："开发"是意志和论理之间的针锋相对，而这种对峙正是发生在"企业"决策界面上的经营行为。换而言之，这是未知与已知、可能与不可能，这些"企业"作为其本义必须面对的异界的界面。不管论理多么充分，总归是无法知道确实的东西，踏足只有神仙才知道成败的领域，才是"开发"。在那里没有客观的答案，只有是否有意志去跨越界面，迈出脚步。从这个意义上来说，"企业家"应该是这个战场上的主角。

面对已知与未知、可能与不可能、种子和需求之间横亘的深渊峡谷，如果可能的话，自然会有想去填埋它的冲动。要想填埋峡谷，当然是凭借着已知的知识、信息，确实可以入手的能力、清晰可见的市场需求……你会发现，这时候的你还是站在跳跃前的这边的悬崖边上。确实的知识、信息所加固的，也是现在你所在的地方的根基，并不能填埋眼前的峡谷。如果深究基于已知和可行的基础上的论理，大概会判断出难以挑战的结果（因为只有确实的东西才会被判断为可行的东西）。其结果只剩下零星的贫乏的主意。如果是征求把断言作为工作的专家的意见，大致就会是这样的结果。也就是说，在相互竞争的决策界面，人们容易偏向于能够用确实的知识和信息进行论理性验证的世界观。如果把原本不可能知道的未来的事情，硬是塞进仅靠事实和论理来解释的世界，应该是有什么重要的东西被遗忘了。

"开发"的构思源于意志，而非论理。如果说"靠一个念头，穿过岩石"，那是精神论，但是，如果没有这个念头，那是根本无法跳跃的。这也是真实情况。不管怎样也想跳过这个峡谷的意志，会挤出"想尽一切办法去完成不可能完成的任务"的智慧，是为构想点燃明灯的力量源泉。如果不是把这一点放在最前面，那么再追求论理性的验证，也不可能得到应该验证的构想（假设）本身。破壳而出的主意（假设），光靠确实论理的堆积是不会产生的。根据论理的验证，那更是后面的事情。

在意志与论理的对峙中，"企业家"的工作就是维持其界面之间合适的位置距离。实际上，这是针对根据肉眼可见的确实的事物强推判断结果的论理的力量，拿出与之抗衡的意志力量作为支撑的后盾。从这个意义上来说，如果还有"企业家"在"开发"的入口处，命令负责人"好好调查""认真验证"，那么他正在做的事情就是本末倒置了。如果，只需要引进可以验证的确实的东西就可以使得"企业"成立的话，那么，也就不需要"企业家"了。

"开发"的真相

正是因为"开发"具有这样的性格，所以肩负企业命运的"开发"的负责部门和负责人才会经常显得孤独、背运。

不管是产品开发，还是技术开发，或者是事业开发，从日常消费品的商品开发到一掷千金的新药开发，无关规模的大小，被委任的"开发"负责人经常是孤独的、背运的。虽然其中一部分的成功案例和获得成功的人，最终会得到荣耀，但是在闪光的背后更多的是孤独的战斗和矛盾。在每一个是否能够越过峡谷、不成功便成仁的关键时刻，他们总是被要求站在那里。尽管被要求高指标的营业负责人也会有孤独感，但是开发负责人的孤独，和他不在一个层次上。

面对看不清前方的"开发"的成功所承受的重压，如果不正视阳光，迄今为止所有的努力就会打水漂，不仅如此，还要遭受来自企业内部给予的"只会花钱"的白眼，一旦取得成功还要被说成是"全靠大家的支持"……这就是一个吃力不讨好的任务。最典型的案例就是新事业开发部门。背负整个企业的期待，挑战主力产品的革新技术开发的研究人员应该也是如此。一边忍受着"这样的东西也卖得出去"的冷嘲热讽，甚至自己的存在都被搁置一旁嗤之以鼻，一边默默地执着于研发谁也没有见过的新产品的开发人员也是一样。

所以……光是"企业家"下达一个"去做"的命令,"开发"是不会有进展的。"开发"需要"企业家"成为其后盾来给予支撑。要想和"难、不行吧、看不到可行性……"之类的否定的论理进行足够的对抗,就必须要有"企业"意志的支撑。用"行"的论理去抗争"不行"的论理,大多数情况下是很难的。即便如此,如果不断汲取"不行"方的论理并应用于"开发"自身之中的话,"开发"也会日渐消瘦,变得越来越贫乏,最后变成不配称为"开发"的怪物。现在有一种倾向:"真的能成功吗""能卖出去吗"之类的谁都不能断言的否定式的提问逐渐在董事会、经营会议、开发会议中占据了支配地位。如果只是在这样的论理的层面中追究可能性的验证,那就等于董事会、经营会议在事情还没有发生之前就显露出了法庭的模样。其结局,"企业"也沦落为只做经营确实可行业务的"企业"。

现今,很多"企业"开始使用这样的方法,即针对论理无法得出结论的事物,通过制定规则,使用过程中的数值基准机械式地作出继续、中止的判断。但是,这样的尝试仅停留在方式方法上,而并不具有本质性的意义,因为对"具有与其冒险不如不做的选择倾向的日本人",应该在背后推他一把"先做着试试看";而在这之后,则需要对"一旦开始了就难以放手的日本人"推上一把,帮助他作出了断。原本,"开发",不管是开始还是中止,都应该是凭借强韧意志的内发性的决策。这也是经营的工作。机械式地处置这个工作,只能是谁也不负责任,谁也不能作出决策的决策机关作为第二选择的弥补策略。

从结论上来说,"开发"是"企业"经营中,与少数服从多数、集体讨论最格格不入的经营行为。正因为如此,对"开发"的支持这项工作也是只有"企业家"才被允许参与的重要工作。如果出现了"企业家"必须甩掉来自周围的阻挠继续推进"开发"进程的情况,那么这个时候,就是"企业家"完成这个工作的时候。反过来说,这也是"企业家"应该赌上前程的时刻。所谓"企业家"是孤独的这种说法,也是为了这一刻而准备的。

玻璃构建的密室

对"企业家"来说,能否在意志和论理相互对峙的"企业"决策界面保持平衡,决定着这个"企业"是否能够拥有作为主体的人格,也就是"企业"是否能够成为"企业"。之所以这么说,是因为在对峙界面的两边,有一边是"企业"意志的源头,是"企业"自我的本源。

这个源头,这个本源,是"企业"这个迷宫最深处的密室。近来,大家都信奉"透明的决策是好的"。但是,认真思考一下,就会发现:如果把所有的东西都变得透明,那么主体的决策也就不可能存在了。人类也是一样。作为拥有独立人格的你的个人决策,其实并没有透明和不透明之分。那是因为,在"你"这个密室中,包括怎么作出决定在内,都是由你决定的。所谓决策的透明化,其本身也是一种言语矛盾。能够透明的,或者说必须透明的只有一点：到底由谁做决定。近年，董事会经常出现这样的光景：想把在到达决策之前的所有理由客观地透明化，但是一旦一步走错，就会反过来，想尽量使其不透明化。

作为"企业"意志的发信源头的密室，因为孕育、培养、包容、守护了"开发"这个面向创造的挑战，所以才是密室。但是，如果把这个密室做成全部由玻璃构成的透明房间……看得见看不见、能做不能做、明白的不明白的……这些如果被最论理性的尺度开始侵蚀的时候，作为主体的"企业"的解体也就开始了。不是"能做不能做"而是"想做"，"为了做这个所以有了这个企业"。这个相当于"企业"灵魂的东西就会从它所居住的最深处的密室搬迁，而这个房间的新主人也就变成了衡量风险与回报的计量化的机械式尺度。

于是，在这个最深处丧失了靠着意志包容"开发"器量的"企业"，也就必然走向"把作为本义的面向创造的挑战，向外抛出"的道路。已经不是密室主人的"企业家"的头脑，也会匆匆渡河，来到投资家所在的对岸。在对岸远眺，"企业"的"开发"也仅仅成为衡量风险回报的尺度。原本自己能够承担的风险也变成可以计算的、可以说明的风险。这也就诞生出新的思考倾向：与内部包容有风险的"开发"相比，收买已经成功的东西，或者去寻找、收拢由外部承担风险挑战且容易获得成功的东西，显然更加稳妥。于是面向创造的挑战这种充满汗臭味的体味逐渐从"企业"褪去，取而代之的则是由被测量的效率和风险控制的经营资源输出输入的机器。

"开发"外部化的现象

作为一种社会现象,从丧失了内部包容"开发"器量的"企业"中流失的,就是被世间称为"创业"的东西。

这里面,既有在身边想打造爆款商品的开发性质的"企业",也有需要长期进行巨大冒险性投资的"企业",还有新服务产品的菜单开发性质的"企业",甚至有剑指社会基础设施、平台构建之类远大构想的"企业"……即便不是全部,原本这些在"企业"内部展开也是天经地义的"开发"场景,为什么会被选择出现在"企业"的外部呢?这是值得深思的问题。原本,从技术、人才、资金这些能够被活用的经营资源的丰富程度来说,所谓"企业"内部创业,至少在条件上面应该具有压倒性的优势。这也说明"企业"丧失了包容面向创造的挑战的器量,反过来成为束缚自由挑战的枷锁。"企业"这个场所,在充满创意进取的"开发"的观点看来,其环境的打分已经降到0分,甚至是负的分数。

"企业家"必须在有限的资源中甄选出有前景的"开发"案件(也不可能什么事情都做),这种说法听上去有些托词的味道,但是,当把视线转向现实的时候,"开发"案件像雨后春笋般地涌现导致难以甄别的情况并不多见,之前作为"开发"的源泉已经枯竭,更有甚者,眼前的光景已经是寸草不生的荒野。仅仅是反反复复依靠作为评价眼前的风险回报的尺度,想去抓住新的萌芽,就必将会变成这个样子。被清空的密室中所失去的正是存在于"开发"这种经营行为的根基里的"企业"精神。而抹杀这种精神的正是把密室清空的"企业"和"企业家"自己。

第二次世界大战结束后的"索尼"也好,"本田"也罢,或者说同一时期在京都诞生成长的许多有特色的企业……再次去聆听留在它们记忆里的开发故事,就会发现:设立"企业"、培育"企业"、完成破壳而出般的创造性的"开发"背后,都有着不拘泥于应不应该做的、贯彻始终的意志力和支撑它的"开发"精神扎根在此。而且最重要的是,只要能够找回自己"企业"历史中的"记忆",就一定可以发现。"企业"最深处的密室,是"开发"面向创造的挑战的孵化器。原本,这间房间的主人就应该是"企业家"。

一方面,放弃依靠已经风雨飘摇的原来"企业"的孵化器,那些有能力自主"开发"的人也遗憾,因为新的"企业"才刚刚开始起步,也很难拥有自己的密室。即便如此,世间还是称他们为"创业家",鼓舞年轻人。这又是多么奇怪的事情啊!

比如,说到艺术家,不管是画画的还是陶艺的,不管是音乐还是文学……都是在受到某种冲动的驱使下开始埋头于自己喜欢的事情,在努力的过程中,成为该领域的翘楚。根本不存在一开始就"什么都可以,我就是想成为艺术家"这样的人。"我想成为创业家"这样的想法,就与前述的艺术家一样可笑。创业,原本的意思就不是自动词,而是他动词[①],必须要有一个目的用语

[①] 不是自动词,而是他动词:日语中有大量相关成对的他动词(有直接宾语,对客体产生作用)与自动词(一般没有直接宾语,不对客体产生作用),后文所说的"目的用语"可以理解为中文中的宾语。

开发 | 145

一起使用。如果其面对的对象（目的用语）是什么都可以的话，那么这又是指什么呢？难道仅仅是指"赚钱"吗？但是不得不说的是：这样从一开始就只盯着钱看，没有任何可以藏于密室的东西的创业者，其结局是，从长远的目光来看，都成就不了真正的"企业"。迟早，他们都会迎来幡然醒悟的时刻。

通常的思考是，不管"企业"的孵化器多么劣化，甚至陷入功能不全，比起那些没有父母照料的鸟蛋所处的环境，总还要好吧！即便是这样仍然觉得在外面工作更好的想法，那一定是基于作为孵化器的"企业"的功能已经生锈、劣化，而其劣化所致的环境条件，已经和在外面没有什么两样了。外部化的"开发"案件，就意味着变得赤身裸体，被强迫接受来自由计算得来的风险回报的尺度的评价。还在鸟蛋的阶段，已经被放在由玻璃构成的房间里了，当然也就不可能拥有自己的密室。怀揣志向的创业者从一开始就面临这样严峻的挑战，这正是眼下的实际情况。

结果，看上去是从日本的"企业"流失的"开发"精神，与其说是流失出去了，还不如说是蒸发了更加准确。一般所说的企业家精神、开拓者精神，原本不管是大企业还是风险企业，也就是说不论规模大小，其根底里应该持有的是原本的"企业"本色。但是在今天的日本，不管规模的大小，不仅是大企业，连风险企业都一样，密室都成为玻璃房，应该怀揣的密室正在被夺走。即便是放出去了，即便是从劣化的"企业"枷锁中逃脱，但是其本质性的东西并没有得到解决。就连年轻的风险企业的"企业家"也是一脸认真地最先把商业模式作为开头语。原本，应该是先表达坚韧的意志,值得自己用一生去拼搏的、实现自己社会性的洞察的坚韧意志,但是现在,在这之前,说的是如何赚钱。在创新大赛的主席台就座的专家和评论家们也会认真地询问:"你的梦想我明白了,你的商业模式呢?"但是,原本,商业模式只要不断被打磨总归可以完善。无法替代的是他们口中所说的"梦想"。这也许内在于"构想"本身,有着深刻的意义和广阔的可能性。而失去了对其的慧眼,那简直就是对"企业"存在意义的忘却。

遗憾的是这就是现实,放眼全世界,创业还是少,产业的新陈代谢难以推进,独角兽企业难以出现……不得不说,这样的现状再怎么哀叹也难以改变。

"企业"在最深处怀抱的东西

在这样的思考下,就能够再一次认识到:日本的"企业"是怀揣着可以说是企业活动本义的"开发",通过将这种经营行为拥入企业内部,从而起到其社会作用。在挑战"开发"的人员看来,"企业"是认可他们面向创造的挑战价值,给予他们鞭策激励,给予他们风雪中庇护的家。这些绝不是"诸如金钱、物质、信息等经营资源那样,可以分解并对其一一对应可以计算出对等价值"那样的方法来实施的支援,而是认可挑战本身所存在的价值!能够认可这种价值的主观,确实曾经在"企业"中存在过。去思考"这个'企业'应该这么做",就是这种"企业"的主观。

当"销售有价值的东西"这样的事业信念在不知不觉中遭到

"卖得出去的东西是有价值的东西"这种论理性的颠覆,并堕落成"制造卖得出去的东西"的指令的时候,"开发"也就失去了主心骨,变成了被可视化结果的数字判断的东西,也就失去了生命。这也是"到底应该'开发'什么",变得不确定的时候。当被问及"制造什么为好"的时候,也只能答道"卖得出去的东西"。

就这样,发出"制造能够卖得出去的东西""思考可以赚钱的事业"之类的指示的时候,"开发"这个词汇就作为结尾词被轻率地乱用了。这是非常值得反省的!原本,不管是多么微小的"开发"案件,也都是需要一个一个拼搏出来的。

在技术环境日新月异的现代,商品、服务、与顾客的接点、内部管理模式,甚至是事业本身,在各种领域,需要"开发"拼搏挑战的局面越来越多。但是,面对惊涛骇浪般蜂拥而至的技术环境的变化,狼狈地发出指示:AI(人工智能)也好,DX(数字化转型)也罢,"在这个时代的潮流中,我们企业可以做些什么,应该做什么,大家一起好好思考"。仅有这类空洞的指示,大概率是看不到真正有意义的"开发"的始动的。因为这些只不过是在重复文字的意思——环境在变化。重要的是,面对这样崭新的技术环境,思考自己的企业应该做什么,觉得有引进价值的到底是什么……这样的洞察。在这样的环境中做什么能够得到价值的认可,这样的"企业"的主观,首先要占据最重要的位置。反之则一切都不会开始。把它的素描或者轮廓用独自的洞察和直到实现不言退缩的意志发出指示,这就是"企业家"的作用。在谁也不知道正确答案的过程中，拥有什么样的洞察和意志，其主观的魅力被企业内外所拷问的，也正是"企业家"。

反复强调一下，吹响"开发"号角并不是"企业家"的工作，在逆风中作为后盾支撑前行才是"企业家"的工作。所有的"企业家"也没有必要都像"索尼""本田"的创业企业家那样事事都站在最前沿去先导指挥，但是至少在作为支撑的时候，必须拿出"企业家"自身的信念，哪怕是看上去非常固执，也必须要像岩石一般毫不动摇。这种信念，可以成为抱拥"开发"、庇护"开发"的保护伞。

这里所说的信念，也可以说成是面向未知挑战之际，纯粹的、恰到好处的自信。当你面对优秀的企业家的时候，这种觉悟会静静地涌起。

那是"企业家"自身中意志与论理这两个异界界面取得恰到好处的平衡的时候，自然而然地诞生出来的东西。而在其自然降生之前，安静地绞尽脑汁地去深入思考，才是"企业家"自身必须完成的课题。

人才

"人才不足"的哀叹

对于"企业"来说,"人才"的问题和"组织"的问题经常是相对的。

"企业家"经常哀叹无法培养"人才"。那基本上等同于"组织"没有办法活用"人才"。实际上,大量招聘来的优秀人才却被埋没在"企业"中的案例比比皆是。

如果只是招募眼前有用的"人才",那么从长期来看,能够为"企业"思考的"人才"当然不可能培养出来。这是理所当然的事情。只把听从命令的"人才"放在身边,就不可能培养出能够独立思考的"人才"。这也是理所当然的。甚至可以说,这是十分明朗的事情。还有经常被提到的,因为薪酬待遇进入企业的人,又会因为薪酬待遇离开企业。这也是一个道理。

如果有无法培养出"人才"的危机感,在其反作用下,应该产生对"人才"投资的想法。但是,与设备等有形资产和知识产权等无形资产有所不同,对于随时都会自由地表达自己意见的人，投资的概念就根本不可能成立。虽然也有"人才资产"这样的比喻，但是想要将"并不是所有物的、持有自由意识的人"计算到资产负债表里，哪怕只是作为大脑中的假想，也是无法实现的。人才的培养就像是"在赛河滩边堆石头"[①] 那样的徒劳，这也是众多的"企业家"的实际感受。

被称为劳动力市场流动化的当今环境，让"企业家"的这种实际感受变得越来越深刻。把不知道什么时候就会自顾自地离开企业的人培养成有用的"人才"这件事情本身就是一种虚无的努力……与其这样，还不如在必要的时候从外部招来需要的"人才"，这也好像更加合理……不知不觉中产生这样的想法，也是无可厚非的。现在的招聘偏向于即战力（马上可以进入战斗的战斗力），也不是没有缘由的。有时候甚至会妄想：这样下去，不雇佣员工的企业成为主流的时代也会到来……"人才"很难培养，如果投资去培养又不知道他什么时候会离开。"企业家"的烦恼就是这样在"人才"不足的哀叹和对"人才"培养的放弃的夹缝之中被搁置。

但是，即使在这种情况下，要想断绝对"人才"培养的想法也是一件难事。看上去，现在大多数的"企业家"依然是一边哀叹着"人才"不足，一边又无时无刻不在脑中思考着"人才"培养的课题。"经营的最高境界全部在于人才培养之中"这样的说

[①] 在赛河滩边堆石头：赛河滩，传说是前往冥府途中的河滩。根据佛教传说，先于双亲死去的孩童为祭奠父母想在此河滩积石造塔，但是石头一垒起来，就会被鬼破坏掉。比喻无止境的徒劳努力。

法，也从"企业家"的口中听到过不少次。如果是要制定经营方针，"人才培养"也必定作为常年不变的语句被收入其中。在"企业家"的心中，"育人"还是被当作"企业"经营的根本被不断延续。哪怕是在"在赛河滩边堆石头"。反之，在必要的时候一下子召集必要的人，"企业"是不是得以成立这样的话题，并不在"企业家"想象的范畴之内，这也应该是"企业家"常识性的感觉。但是，这种难以撼动的感觉究竟是来自何方呢？

对于一个拥有职业选择自由这一基本人权的人，要投资去培养他成为"人才"……这样的事情，仔细想想的确是不可思议的。一想到这是一个投资培养出来的"人才"，接下去就自然而然地会想到如何去留住他……对于这种矛盾，"企业家"自己又是怎么理解的呢？对刚毕业的新进员工从最基础开始培养，这样的"人才培养"，是不是一种已经做好损失准备的社会贡献呢？如果没有对这个问题的自觉性的理解和解决，任凭乌云漫天，那事态就不会有哪怕是一点点的改善。这在不久前的过去，大概是作为很普遍的存在，但是现在显然已经不得不去面对了。那么对于"企业"来说，"人才"培养到底意味着什么？在讨论这之前，"企业"到底能不能培养"人才"，这更是一个难以定论的难题。

培养"人才"的错觉

培养"人才"、从外部招聘有能力的"人才"、留住培养出来的"人才"、留住获得的"人才"……这一连串的课题认识，都是把"企业"当作物品那样，是想认可人的自身价值的思考的产物。把人放在砧板之上，价值有高有低，有的价值高涨了，有的还是很便宜，或者说与外部的"人才"相比较如何……这是一种评判思维。如果把人当作"依靠特定的品质、性能产生一定功能的稀缺资源"的话，就会形成上述思考。在与物品调配并没有本质性不同的层面上，"企业"就会产生希望获得"能力强的"人的想法。是内部生产还是外部采购，哪一种更加划算，一直到出现具体选项为止，真的非常相似。但是，人是凭着自由意识行动的。如果想要把人当作物品那样在企业内部培养，那么当然需要"因为企业自己投资而增长的人才价值"在之后连续不断地支付"增长出来部分的人才价值"以留住这个被投资培养的人。这也是矛盾的症结所在。就这样，把人放到砧板上并对其加以培养……在这样的脑回路中，要想从这种不可思议的行动怪圈中走出来，实在是太难了。

但是，对"企业"来说，放在砧板上的人，比如说，眼前有一个A这样的人物，那么他是不是真的有固有的价值呢？

现今，"人才"的市场价值等词汇，真的被接受并被相信。但是仔细想想，那样的东西根本不可能存在。即便是有，那也只可能是一个理论上的概念：假设有这样一家"企业"，它是全世界最能够发挥、活用这个"人才"的能力的"企业"，那么这家"企业"对这个"人才"所定的价格（待遇水准）就是市场价格。于是，这个理论性的定义所包含的是决定"人才"价值的特定的"企业"和"组织"与"人才"之间的固有关系。那是，原本个别的、相互依存的关系。也就是说，只能够定义在这个"组织"

中这个"人才"的价值。

当然，人只是在那里并不会有价值。"企业"和人之间，这个人做应该做的工作，而"企业"则对这个人的工作认可特定的价值。到这里为止，看上去还是与物品没有什么两样。但是，人和物品决定性的不同点在于：完成的工作会因为人内发性的自由意志的变化而变化、转变。如果是物品，对其的价值认可，是"企业"单方面的认知。但是人的话，理所当然地，他将作为另一方的主体（不是客体），所以双方之间的价值成立，并不是单行道，而是需要双向的认识和意志的结果。从这个意义上来说，两者是相互依存的。

在这样的思考中，就会发现：在源自培养"人"自身的固有价值的假设中，存在着根本性的错觉。如果一定要使用"培养"这样的说法，那么也一定是"培养""企业"与"人才"之间的关系。

从根本上来说，"组织"之所以能够成为"组织"，最简单的理由是"1＋1＞2"。在这个前提之上，反过来同样的事情站在"人才"的立场上，正是因为从属于"组织"的自己可以做出大于"1"的工作，所以才会留在这个"组织"之中。也就是说，在这个"组织"中的自己，有着只属于自己的地方。人，自身并不会因为身处不同的"企业"而变成另外一个人。还是同一个人，但是会出现这样的情况：与从属于这个"企业"的自己相比，从属于另外一个"企业"的自己更加能够发挥自己的能力（当然，报酬也会增加）。再换回"组织"的视角来看，那就是在这个"企业"中比在那个"企业"中,更能够发挥这个人的能力,能够活用这个"人才"。

对于"企业"来说重要的是,从这个人中是否能够提取出他在其他企业中无法发挥的独自价值。那才是真正需要的"人才"管理手腕。棒球教练野村克也所打造的"人才再生工厂"[①],就是最好的案例。

"企业家"的思考,不应该是对培养"人才"本身的见解,而应该是活用"人才"的想法。"企业"能够做的并不是培养"人才",而是活用"人才"。并不是像学校教育那样提升人的固有能力,而是如何提取出其能力为"企业"的事业发展和运营作出最大限度的贡献。"企业"所能够做的是活用"人才",而不是培养"人才"。即便是培养了"人才",那也只不过是活用"人才"的结果。在"企业家"看来,并不是"人才"不足,而是没有能够活用"人才",才造成了难以培养"人才"的局面。仔细想想,这也是理所当然的事情。

如果想法局限于培养,那么难以培养的原因,一半应该是不可抗拒力,也就是说,难以被培养的人本人的素质、素养、努力出现了问题;另一半应该是有了上述想法之后的逃避。但是,就活用"人才"来说,其责任的大半应该在"企业家"身上。这也是"企业家"必须有的自我觉悟。

---

① 棒球教练野村克也所打造的"人才再生工厂":野村克也,日本著名的棒球选手、教练。任教练期间特别擅长根据选手的个人特点在合适的时候安排其出场,使一批被其他球团弃用的选手得以再现辉煌、取得佳绩,因此他率领的球队也被誉为"人才再生工厂"。

活用"人才",站在"人才"的立场上,应该可以真实地感受到:从属于这个"组织"的自己正在发挥大于"1"的能力。从结果上来说,这个"人才"也会继续成长。但是,成长后的自己,接下来如果还能够被继续活用,发挥出大于成长后"1"的能力的话,就会自己发现留在这个"组织"中的意义,从而继续在这个"组织"中寻找只属于自己的地方。归根到底,"人才"争夺的竞争也是活用"人才"的竞争。如果能够把培养切换成活用,那么"在赛河滩边堆石头"也就不会成为徒劳的工作。如果能够持续活用,作为结果,培养原本是不会崩溃的,而是应该不断被累积的。

　　培养"人才"的手腕,其实就是活用"人才"的手腕。可以再想想那些在身边发生的培养"人才"的成功案例,一定是这样的。把活用"人才"手腕无力的问题,偷换概念成为"人才"不足的问题,是绝对不可取的。只要还在犯这样的错误,那么也就永远无法给"人才"不足打上休止符。把人变成"人才",应该是"企业"这个"组织"的作用。

　　如果还需要补充的话,必须清楚地认识到:作为"人才"的一方,当被提出"你的市场价值"之类的说法的时候,绝对不可以错误地认为,那就是从你自身展现出的自己的固有价值。价值是在你与固有的"企业"之间的关系中,这个"企业"对你的认同。应该这样理解才更为贴切:那并不是自己的价值,而是与这个"企业"之间固有关系的价值。如果你真的坚信自己有这样的固有价值,那么可以不从属于任何一个"组织",自己独立工作也是可以的。也许有时候这样可以换取更高额的报酬：在接到定型化或者资格化的业务委托的时候，在销售代理之类特定成果交易的时候，或者像某某领域的作家那样把自己的"工作"当作"商品"交易的时候……但是，必须理解：不管是怎样的形式，如果考虑到自己的"工作"是与自己交织在一起的"组织"中的其他人协同工作才能够产生出"1＋1＞2"的结果的话，那么自己和这个"组织"之间的关系就一定具有通过逐一认真地花费时间去创造才能够被赋予价值的性质。就像结婚一样，相识的时候并不会向对方兜售自己的价值，要想诞生出固有的价值关系，那需要从相识开始的漫长征程。这样的思考应该更加健全。千万不可以相信像媒婆那样，给人东介绍西介绍所谓郎才女貌的结婚对象的人才咨询业者的甜言蜜语。

活用"人才"的风格

如果有了"人才"不是培养的而是需要活用的这样的认识，就应该很清晰地认识到："人才"管理就是"个性"的管理。近来，"多样性"这个概念已经形成共通的认识。但是，如果只是把它单纯地理解为"有各种各样的人的存在""承认差异"，显然并没有什么意义。毕竟"仅仅是因为有各种各样的人的存在，并不会产生什么有趣的新生事物"。如果只是"个性"这个概念，也只有"人是各种各样各有不同"这样的意思。理所当然，只有针对这个"个性"能够活用"人才"的时候，才会产生价值。在这里最重要的是：必须让"组织"具备活用"人才"使其发挥价值的力量和胸怀这一点。这也是无须赘言的。

仅仅依靠在"人才"不足感背后的所谓衡量"优秀人才"（和不优秀的人才）的量尺，不可能达到目的这一点已经无须多言。近年来的人事制度却为增加这样的量尺做出了更多的准备：针对个人能力的多方面的测定尺度、"技能"，有时候甚至还会使用"性格""心理倾向"等。但是，仅仅使用这些道具，根本无法解决根本性的问题。这些道具最终也只是成为把"人"分门别类的量具。仅仅是准备了这些道具，也可以说是：根本没有从把"人"像物品那样作为管理对象进行管理的逻辑框架中走出来。

"企业家"可以回顾一下自身的经历，在思考"他很好""她是不可或缺的人才""想把今后托付给他"的时候，应该不会是拿着上述的量尺对这些人去一一测量的吧！"人才"的价值，是在与这个"企业"、与"企业家"之间的关系中被认可的。站在这个角度来看，这也是当然的事情，从根本上说，是"个性"与"个性"的关系。对于你这个"企业家"来说，他可能是一个可以弥补你的缺陷的好部下；但是对于别的"企业家"来说就可能完全不是这个样子。在A企业活蹦乱跳的"人才"，如果到了同行业的B企业也可能就乏善可陈。不言而喻，就是这样的情况。这并不是哪个"企业"或者哪个"企业家"更好或更坏的问题。作为实际的存在，这是职业性的"个性"是否匹配的问题。能否使对方的"个性"与"企业家"自身的"个性"产生共振并不断增大振动的幅度的判断，这应该是"企业家"无意识地遵从自己的风格开展的工作。现在的风格是不是十全十美,这是另外的问题。既然是相互之间真实的"个性"的人与人的关系,那么它也只可能是持有"只能够称之为风格"的性质的东西。

但是,如果是这样的话,那么对"企业"来说重要的,就不是人的多样性,而是能够活用"人才"风格的多样性。这种风格,如果始终是我行我素的那一套就不可能取得成功。这里真正需要考验的是,能够挖掘出各种各样的人的可能性,并使之作为"人才"能够被活用的、风格本身的宽容度。

观察作为"个性"存在的人的眼力的深度,以及如何构建这个人与自己的协同工作关系的风格的精彩程度,将决定创造"人才"的能力。越是优秀的"企业家",就越具有能够有意识地活用与自己"个性"相异的"人才"的心得。在这样的"企业家"周边,就会有多样性的"七武士"[①]。而在这些武士的下面,又会聚集起各种各样的人才。所谓"个性"化的集团,就是这样形成的。

反过来,在没有这种能力的情况下,召集到再多不同的人,最后也只能看着这些"财宝"渐渐腐朽。一直以来被作为优等生培养起来的"企业家"的最大缺陷就是,越优秀就越会陷入自己的风格陷阱,坚信自己的风格而从不怀疑。他们会无意识地进入固有思维模式,并很难摆脱:把自己作为参照物,认为培养自己

---

① 七武士:源自黑泽明导演 1954 年拍摄的电影《七武士》,这是一部充满现实主义色彩的时代剧,讲述了贫苦农民雇用了 7 名流浪武士,来保卫家乡免受强盗袭击的故事。

的方式是最好的。这也就是"名选手成为不了名教练"这种说法的由来。从结果上来说,如果那样的话,就会产生学校教育般从上至下俯视的视线——培养。但是,企业家原本必需的并不是培养一个能够与自己相匹敌的"人才",而是如何找出一个人,活用他,让他来完成自己不能完成的工作。而这种姿态,也只可能在"企业家"对作为"企业家"的自己所欠缺的东西作出谦虚自省中才能够诞生。

"分"[①] 的思想

同样的事情,站在人的立场来看,就是"企业家是否拥有宽广胸怀,能够让大多数多样性的人找到属于自己的场所"的问题。关于与"组织"的关系中自己的场所,自古以来,日本就是用"分"这个词汇来表达的。在现代,诸如"分辨身份""……的分界"等词汇的使用方法,制约、限定了人的立场,大多都带有负面、消极的意思。但是,即便是要打破"分"的躯壳,也必须先要有对"分"的认知。那么,这里所说的"分"应该是什么呢?说起来,这原本应该是对在集团中自己的作用和责任的自觉认识这样积极的概念。因为,在社会中,人并不是单纯的"自己",而是具有一定身份的"自己"。所谓"分",其实就是对于"在社会或者集团或者组织中,自己占有什么样的位置,到底是谁"所作出的自觉(自我觉悟)、他觉(来自他人的认知)并共

---

① 分:这里的"分"可以理解为"安分守己"的"分"。

有的表象。因此，在职业和工作的领域中，作为职业人员的自己的责任和操守的表象，就是"职业身份"。

放到企业中来说，这就是：一个个构成人员与"组织"之间相互联结，对只属于自己的作用、责任以及自己所占据位置的一种约束。这并不是简单的所属部门、职位、职称之类的描述。并不是由"组织"决定的职务（职务描述），而是更接近于在企业家（或者上司）这个人与自己这个人之间的相互关系中所缔结的期待的角色。这不是单方面被要求的责任，而是必须伴有本人背负的东西。从这个意义上来说，这对双方来说都是未知的，同时对双方来说都是一种期待，甚至可以说：这是两者之间的一个"项目"。一个人在"组织"中要找到只属于自己的位置，就必须在"组织"中自我觉悟：实现背负期待的自己的"职业身份"。同时，也必须让这种"职业身份"在企业家、上司、同僚中得到相互的认知、共享。

现在的"企业"经营所丧失的决定性的东西，正是这种"分"的多样性和将这种"分"充分使用的"组织"能力。在为了追求效率而去追求规模性和划一性的过程中所带来的是一种思维模式的常态化和习惯化。这种思维模式就是"企业"将人（劳动力）看作是为了达成目的而驱使的一种生产要素，看作是像物品那样的对象。粗看起来，这种思维模式既公平又透明，但是，这样的思维模式只是把"分"单一化、标准化、固定化了。在公平名义下的无色透明化，其实是一种听上去不错的怠慢和懒惰。大批量地招募应届毕业生，为他们设定职业道路，用同一化的基准进行评价,用相同的报酬使他们感到满足……最后在被共通化的"分"的辨别中竞争对"组织"的贡献……就这样,当所有人的"分"都被同一化之后,理所当然,"企业"里就到处都是"金太郎糖"①。用一只眼睛也可以看到员工们遵循着"二……六……二法则"②的合理分布,这也是理所当然的事情。员工被囚牢在躯壳中,不被允许越界,无法发挥其创造性,这些都只因为他们被硬塞进了同一化的"分"之中,致使一个个的员工根本无法自觉合适的"职业身份"。在这样的环境中,为无法发挥"个性"而烦恼,这只能够说是"火柴泵"③。

在棒球运动中,人们常说,"就算是把九个四号击球手排在一起也无法成为强队"④。但是,对这样无知的想法认真思考的"企业"却数不胜数。其结果就是:根本凑不齐九个四号击球手,只能够哀叹缺乏"人才"。从一号击球手开始到最后的击球手为止,或者说从主力投手开始到替补投手为止,主教练("企业家")和选手(干部、员工)之间,真正能够多彩地、细致地掌握并运用各自的"职业身份"的"企业"到底有多少?

---

① 金太郎糖:一种糖果,不管怎么切,横断面都是一样的金太郎脸。现在用金太郎糖来比喻千人一面、众口一词的社会现象。
② 二……六……二法则:"组织论262法则",即大多数组织都是由20%优秀人才、60%的普通人、20%的不干活的人所构成的。
③ 火柴泵:一个日语外来词汇,来源于英语match pump,字面意思是自己点燃火柴并浇水熄灭,引申意义是自导自演的虚伪方法和行为,以及这样的虚伪人物。
④ "就算是把九个四号击球手排在一起也无法成为强队":棒球运动中,每队有九名击球手,各司其职。其中,四号击球手是理论上前三棒垒上都有人时,负责最后清垒工作也就是送跑者回本垒的人,所以四号击球手一般都是该球队中打击能力最强的选手。但是一个球队如果都是四号击球手,则球队无法发挥出最好的效果,取得最好的成绩。

历史学家渡边京二在其名著《逝去的社会面貌》①中，借助开国前后滞留在日本的外国人的视角对当时的日本情况作出了活灵活现的描写。其中，题为"杂多和充溢"的章节有着下述的描写，这对思考现代的"组织"也有着很大的启示。

"在日本所看到的这个国家的文明"是，"如果采用生态学中缝隙这个概念，那么，这就是在分别栖息于各种缝隙中丰富多样这一点上脱颖而出的文明"。"贩卖编结发髻专用的硬质填充物的商店，木屐商店，纸伞商店，日用斗笠、雨用斗笠的商店，纸质雨伞包装纸的商店，贩卖人马用的草鞋的商店，蓑衣、蓑笠的商店，贩卖马鞍的商店。在大马路上有漆器店和佛具店。旧衣店，扇子店，贩卖挂饰的商店，屏风店，贩卖羽织的绳子的商店，贩卖绉绸的商店，手帕店，烟草用具店，只卖笔的商店，只卖墨的商店，只卖砚台的商店，当然也有书店。……还有只卖火盆的商店。也有只卖筷子的商店。提灯店，灯笼店，药罐店，针线盒的商店，厨房用品的商店，茶壶的商店，卖酒的商店。到处都有瓷器店。……贩卖绳子和麻绳的商店也很多。""使我惊讶的是，各自的商店都明显对特定的商品进行了特化。仅仅是依靠贩

---

① 《逝去的社会面貌》：日本作家渡边京二的作品杨晓钟先生曾经翻译过此书，定名为《看日本：逝去的面影》并于2009年由陕西人民出版社出版发行。实非对杨晓钟先生的不敬，鉴于本书译者希望最大限度去体现本书作者的心境，故遵从石井光太郎先生笔锋，并按照他的摘选，为渡边京二先生的名著新起了一个中文书名，也对被引用的名著段落重新作了翻译。

卖羽织的绳子、砚台就能够维持生计，这到底是如何做到的？当然，商店的规模也因此变得很小。……可以说，在这里，生态学上非常细微的多样化的分别栖息得以成立。……不仅如此，仅靠特定的单一品种商品的经营养育了对该商品特殊的钟情和精通。商品也被人格化了。商店主人的人格，也变成了笔、筷子、扇子，在整个社会的往来交流中，伴随着满足和责任占据了一定的地位。这就是所谓'职业身份'。"这些就是（明治时期在日本滞留的）莫尔斯①所看到的，是与波士顿、纽约街头随处可见的近代大众在"职业身份"个性的多样性和丰富上截然不同的存在，是被统合整理后单纯化的近代职业、阶级的近代大众。城市中充满了多样性和活力。（渡边京二：《逝去的社会面貌》，平凡社）

这里所描写的是当年江户的景象，可以说充满生命力的社会、集团的姿态也反映了当时日本人的心态。每个成员都为自己的"分"而骄傲，竭尽全力去努力生活，社会整体也充满了活力。这也与和"金太郎糖"完全对立的当时"组织"的姿态相吻合。不光是江户的街道，在充满活力的当时日本的"企业"这个

---

① 莫尔斯：根据《看日本：逝去的面影》一书记载，爱德华·莫尔斯（Edward Sylvester Morse）出生于美国缅因州波特兰市，从少年时代起便对贝类收集和分类充满兴趣。21岁成为动物学家路易斯·阿加西（Louis Agassiz）的助手，33岁成为鲍登学院的教授，讲授动物学。1877年38岁时，他为了采集和研究酸浆贝、舌形贝等腕足动物来到日本，在从横滨搭乘火车到新桥的路上，发现了大森贝冢。莫尔斯是东京大学第一代动物学教授，因讲授进化论而闻名，在收集陶器和研究日本建筑等其他领域也相当知名。

空间里，或者说在面向未来新时代中超越自身"企业"框架的网络空间里，也是一样的。"企业"的经营，就是将这样的空间有意识地、人为地作为"组织"得以成立的尝试。

这里必须铭记的一点是，并不是因为采用了多样性的人才得以增加了多样性。人，本来就是多样的。出现现在的局面，只是因为迄今为止一直在想把多样性的人染成同一种颜色。把"企业"这个空间用这样的方式统一地涂抹，最后导致崩溃，完全是因为产生了"对员工进行教育，把组织坚固化，让企业向着目标奔跑"这样的错觉。

但是，原本为多样性的人提供能够自觉"分"的空间的只有"组织"。活用多样性的人，使之成为"人才"的流派的多样和手法的巧妙，也正是"企业"和"企业家"的"人才"管理能力所在。

为了让"企业"能够活用"人才"所必需创造的空间，到底是怎样的呢？

这里给出另一个提示，这就是诺贝尔物理学奖得主江崎玲於奈博士[①]以下的发言：

> 有一次，我收到了这样的提问："优秀的发明和发现所诞生的环境应该是怎样的研究环境？"对此，我是这样回答的。

---

① 江崎玲於奈：日本物理学家，诺贝尔物理学奖暨 IEEE 荣誉奖章双料得主，提出半导体 PN 结理论和隧道效应理论，以及半导体超晶格概念，并付之以实现，鉴于半导体物理在现代电子学中发挥的基础性作用，其研究成果堪称半导体物理领域极其重要的成就。

个人的创造力承担起了萌芽期的业绩。假设，那里聚集了许多优秀的研究人员。他们都具有个性和创造力，也因此他们都追求独立，讨厌被干涉。但是，研究所的所长站在管理的立场上，需要追求有秩序的体制，集中精力开展重点课题。这样就会出现二律背反的现象。这里最理想的研究环境用一句话说，就是"被组织化的混沌"。从局部看，研究人员自由奔放地做着各自的研究，会出现混沌，但是研究所整体却保持着平衡，处于有序的状态。同样的事情，在"企业"中也是通用的。被过分管理的"企业"因无法通融而停滞不前。每个员工都能够自主、充分发挥能力的职场才是最好的。在这样的情况下，局部出现混沌而整体保持井然有序的体制，就是好的。希望大家能够知道"oxymoron"。那是一种把完全对立的语句并列组合使用产生新的富含深意的语法，诸如"被组织化的混沌""公然的秘密""如果急的话那就绕着走"……（江崎玲於奈：《面向极限的挑战——我的履历书》，日本经济新闻出版，《日经新闻》最早于2007年1月26日发表的《我的履历书·25》）

"组织靠人而得以成立""企业靠人而得以成立"之类的日本从古至今的智慧，应该也是从这样的视点而来的吧！这不是把所有的人都排成一排去竞争为了实现目标的贡献，而是让不同人的多样性能够完全被活用的智慧。在这里，有着经营的技能和力量。

现在最需要的就是，再一次细致地推敲这种智慧的真意。

"组织靠人而得以成立"的复苏

把人变成"人才"的是"企业",这样的思考应当受到新的重视。这一点,在今后时代的"企业"作用方面,也是一样。

进入 21 世纪后,可以清晰地看到:对于很多"企业"来说,"人才"比"资本"更加遥不可及,已经成为稀缺的经营资源。原本,所谓"人才"不足的课题,今天有了新的意义,也正是在于此。资本主义体系中的供给制约(最稀缺的资源),已经从以金钱或者物质财产为代表的资本转向了被寓意为"人才"的人力资本。其中甚至蕴藏着能够从根本上颠覆以往的资本主义经济体制的存在方式及其力学模式的力量。

这里为了避免造成误解,必须澄清:"人才"之所以成为稀缺资源,并不是由人口的减少、人头的不足而引起的。

一方面,工业革命之后,就像"打砸机械设备运动"那样,"随着技术的进步,人类将失去工作"的不安情绪反反复复表面化,并被记入了历史。而近年来,AI 的迅猛进化,甚至已经达到可以直接替代人类的知觉、神经、大脑的水平。这种担忧就变得更为直观。到何时为止有多少人的工作会被夺走的议论虽然还没有结论,但是不管这种替代的速度如何,都将意味着人类所承担的工作将显著地减少,最终留下的只有很少部分的只有人类才能够完成的工作。"劳动者阶级是只带着劳动力这个生产手段而诞生的",如果效仿马克思的这种表述方式,那么可以说:"21世纪的人类连劳动力这个生产手段都没有就诞生了。"贫富差距的扩大已经成为社会问题,不得不去讨论最低薪酬等问题的源头,从本质上来讲,也在于此。在这样的文脉中,单纯地以人头计算的劳动供给并不是不足,而是过剩。对于"企业"来说,创造就业机会成为越来越重要的社会责任,也是由于这个原因。

另一方面,最后又有多少人可以承担"剩余的只有人类可以完成的工作"呢?这才是"人才"变得稀缺的真正意义所在。当然,这不是在讨论究竟有多少人比 AI 更加智慧,或是有多少人拥有能够战胜 AI 的优秀头脑此类的问题。说得极端一点,是这样的问题:当人类的能力无法与 AI 等机械在功能性上进行比较的时候,对于人类究竟还能剩下什么样的工作?

如果认真思考哪些才是只有人类才能够完成的工作,就可以发现:那一定不是业务本身,而是将业务变成价值。既然是价值,那肯定是人类的主观、社会的主观所认可的东西。将业务变成价值的工作,并不是根据"怎么做才能够做好"这样的客观性判断(机械学习所擅长的领域),而是依据"做什么是好的事情"这样的主观性判断。不管是物品还是服务,或者是为了将物品和服务送到客户手中的业务,把它作为好的事情,对顾客、对交易方、对企业内部,或者是对社会,能够提出方案并去实践。只有人类可以完成的工作,简而言之,就应该是这样的。

那么在将来,能够依据主观判断把"应该做,所以去做"变成实际工作的"人才"究竟又有多少呢?这也就是"人才"稀缺性的问题。不言自明,夸耀功能性并将其切割售卖的人,显然不可能成为"人才"。只有自身能成为主观判断的人,才能完成这样的工作。

也可以这么说:"企业"原本就应该是从人类的主观价值出发的"组织",而它一直以来所扮演的角色就是将一个个的人变成作为主观价值的体现者的"人才"。如果是零散的个人,那么价值也仅仅是藏在每个人心中的一种念头,但把这些价值根据"职业身份"交织成的"组织"通过共享形成事业活动的形态的话,就在此时,人并不是变成唯命是从的马仔,而是成为依据共有的主观价值进行判断的"人才"。这才是活用人使之成为"人才"的真谛。站在"人才"的立场来看,自己的主观价值在社会中得以实现的时候(不是深藏在自己的心中),"企业"这个"组织"才是必要的。也因此,长期以来把人变成肩负主观价值的"人才"的正是"企业"这个"组织"。

"人才"并不是从一开始就存在的。仅在只有人类才能够完成的工作中被激活,"人才"能够成为"人才"。在这样的思考中,这也成为"企业"在社会中所起到的一种作用。

"人才"变成稀缺资源的含义,并不是竞争中确保优秀的"人才"变得日益重要这种维度的意思,而是将人变成"人才"这种角色的扮演作为"企业"的社会性使命,可谓是任重道远。让人在只有人类可以完成的工作中得以激活,并变成"人才"。只有能够做到的"企业",在将来才会有作为"企业"的资格。

面向未来,在日本的"企业"根底里流淌的所谓"组织靠人成立""企业靠人成立"这类思想的本质,在这里真的非常有必要获得再一次的复兴!

咨询

咨询业者,到底是什么样的人?到底是做什么事情的人?面对这样的问题,大多数的情况是,连当事人本人也并不一定清楚。

当然,使用咨询业者的一方,也在糊里糊涂地使用。

对"企业"提供某种服务,收取并不便宜的对价报酬。在这之上的明确定义,作为共同的认识被共有的,好像也不存在。

我本人进入这个世界是在 20 世纪 80 年代,当时,对于日本的"企业"来说,外来的咨询公司是它们从来没有看到过、体验过的奇妙的难以理解的存在。至少它们开创了一种新的模式:面对经营的顶层干部,对原本是他们的工作的经营决策提出意见和建议,并以此收取在当时看来超越常识的巨额报酬。凭普通"企业家"的感觉,把"企业"重要决策的相关信息毫无保留地告知外部人员,对这种做法肯定会有强烈的抵触。这并不仅限于"企业家",拿日本人来说,在传统上,并没有"付高额的报酬去和他人商量自己重要的事情"这样的习惯。从某种意义上来说,也许正是因为这样超越常识的难以理解,才让它得以被接纳。的确,在当时日本的"企业家"看来,咨询业者就像是来自未知星球、手持魔杖出现的外星人那样的存在。而在我身边的前辈们,虽然也是日本人,但大都是拿着异国他乡的 MBA 文凭回国的"假洋鬼子"。

时代在变化,经过货币的自由化和两次石油危机,日本经济进入成熟期的新局面。像高度成长期那样"冲啊冲啊""谁都可以成长的时代"一去不复返,日本第一次步入了考验真正的经营掌舵本领的时代。正当大家开始思考必须要打破传统的商业模式的时候,携带着"经营是科学""如果能够追究基于事实的论理,就可以导向正确的经营判断"之类的,现在看来理所当然的,但是在当时完全是崭新的主张,从海外归来的正是那些自称是经营战略咨询业者的人。在被自古以来的商业流派所束缚的日本"企业"看来,惊愕之余,更多的是新鲜。

用基于事实的论理去思考,并不仅限于经营,理所当然是必要的。但是,人类的先入观念和组织的惯性开始作怪。在那里,从第三方的立场出发提供弥补缺陷的视点,从某种意义上来说,也是自然的事情。随着以此为生的人越来越多,形成了一个事业,形成了一个产业,最终开始独步天下。成为事业,成为产业,是需要不断地创造出新的工作的。

创造工作,就是将之作为简单明了、清晰可见的服务,长远来说,要将之转变成可以量产化的工作。最近的二三十年,咨询业界所做的是:把所提供的服务及效果作为服务项目菜单加以展示，冠之以解决方案之名，开展销售。为此结成销售团队和落地团队，并对他们进行教育培训，以达到可以完成一定水准的工作要求。现在，这样的工作被称为"咨询"。我把这种现象称为"咨询业者的解决方案化"。但是，这种商品化，从某种意义上来说，就像是医生变成药房那样。其营业活动也就变成这样：与其说是对到访的一个个的病人通过认真仔细的诊断，探究其病根，还不如说是满大街去寻找自己手上的药物可以治疗的病人，并对其销售。

一旦有人开始质疑药物的效果，就会出现新的销售方法：如果药物生效的话，就收取生效的部分的报酬。这也就是"咨询业者"的"成功报酬化"。这当然可以帮助"咨询业者"避免来自客户的非议，诸如"反正咨询业者这么说那么说，就是对结果不承担责任。和我们不在一条船上"。但是，这却触碰了咨询业者最为禁忌的红线：偏离了第三者的立场。坐在一条船上，听起来非常不错，但是这也意味着，咨询业者变成特定的利益相关方。

要想规避这种风险的另外一种选择就是：不担保结果，但是把经过锻炼并称之为"咨询业者"的人以时间为单位借给"企业"。也就是"人才派遣化"。采用这种方法的话，驱使被派遣来的员工做出成果就变成对客户方的责任。咨询公司所需要保障的仅仅是派遣员工的品质。这也是咨询事业又被比喻成"高级人才派遣业"的缘由。

就这样经过了四十年，曾经是异质的、难以理解的咨询业务，在不知不觉中成为日常利用的服务，曾经是外星人般存在的

"咨询业者"也和从属于大组织企业员工一样，变成一个个的普通人。

那么，"企业家"又是抱着怎样的期待去使用现如今变成普通人的"咨询业者"呢？

一般来说，"使用咨询业者"就是要"听取专家的意见"。最近，没有比"专家"这个词更怪象丛生的了。就像是政府的咨询机构、媒体经常摆出一串"专家""有识之士"那样，去伪装其客观性、中立性和正当性。"专家"和"有识之士"是对肆意性的、排除敏感时代的必需品，听取他们的意见也是必要的流程。但是，对于凭什么称他们为"专家"或"有识之士"这个问题，基本上都不会提供有根据的提示，而提出这样问题的情况也是少之又少。"咨询业者"也是一样，既不知道是哪方面的"专家"，也没有任何的"专家"证明。如果一定要封一个头衔，那充其量也就是销售企业解决方案的"专家"。

一方面，说是"听取专家意见"，但是在面对员工时（有时候是面对自己的时候），就会放出豪言："并不是全部委托给咨询业者，主体还是自己"，"听取报告，至于作出怎样的判断还是自己"。这也成为"企业家"的日常。反正先听听"专家"的客观见解，在此基础上作出决定，预设好的、和谐的集团决策的步骤。这是以前大企业在使用咨询业者时的一种典型模式，甚至可以说是一种在人前的表象。

但是，向外部"专家"求助又是怎样的事情呢？没有足够的意识去理解其真意的结果，只能是拖沓地、无限地扩大对"专家"的要求。随着对咨询业者的习惯性使用,"请加入我们的团队亲自指挥","不要光作评论,如果你知道实施方法的话,请实际操作",最后会提出"请对结果也负责任"这样的要求。最终的结果,就是对咨询业者的完全依赖。

近来,已经出现将经营策划相关的工作完全委托、外包给咨询业者的案例。对此,加之以嘲讽的意思,称为"咨询业者的高级文具化"。客户方的员工只留下一句"请给我一份整理好的、简单明了的资料",便在傍晚准时打卡下班了;被雇佣的咨询业者则为了不耽误第二天一早的会议,加班加点地准备会议资料。怎么看都像是国会与政府机关之间的关系。咨询业者也因为从年轻时就开始从事信息分析、发表资料等的整理,而被视如珍宝。当事人的咨询业者也深信这就是咨询业者的技能。我的那些老前辈们也常常从这样的意思出发,将咨询业者戏称为"咨询猿"①,虽然他们从心底里讨厌猿猴的毛皮。

就这样,虽然不知道到底是"喜欢咨询业者"还是"依赖咨询业者",使用咨询业者的企业越来越多;同时,因为同样的理由也诞生了不少讨厌咨询业者的企业。与其说咨询业者最终承担了责任,还不如说毕竟不是当事人,从根本上并不是无所不能的,这一点也是非常明确的。他们也被诟病为像满嘴跑火车、不用承担任何责任的评论家们那样,是一群不负责任的家伙。

去期待、去使用原本就不该期待的事情的结果,就会变成这

---

① 咨询猿:日语的咨询业者,来源于英语"consultant",其发音中含有日语"猿猴"(saru)的发音,所以用谐音更将咨询业者戏称为"咨询猿"。

个样子。与原本的想法不一样，所以获得了满足，或者是因失望而厌恶，这两种结果的出现都是没办法的事情。被贴上"专家"的标签，从某种意义上来说就像是商品化的产品（或服务），需要被便捷地购买，咨询业者也就这样被呼来唤去。

关于咨询业者，这里有必要再次认知的是以下这一点。

"咨询业者"并不是被"使唤"的东西！就好比，面对医生，你一定不会说去使唤医生那样。

这里先不说咨询业者是否可以比肩医生，针对直面固有课题的患者（客户），从独立的第三方立场去诊断原因，提出对策建议，并帮助患者去实践，工作的本质是相通的。

最重要的是独立的第三方立场，这也是医生（咨询业者）与患者（客户）之间关系成立的绝对条件。如果这样的关系不能够成立，那么就不能完成真正意义上的工作。从这个意义上来说，咨询业者与医生是一样的，本来就不存在像客户作为雇佣关系中的主人那样所差使的对象。

在日本，很多时候都会把向有经验的人请教（获得建议）与接受咨询服务混为一谈，但是必须认识到这两者是完全不同的。生病的时候，比如说患了癌症，把听了经历过癌症并克服癌症的患者的经验作为参考，与接受诊断了很多癌症病例的医生的诊断和治疗，完全是两个层次的事情。自己有过患癌症经历，根本不能够算是成为癌症专科医生的必要条件。与有经验的人的立场完全不同，这是只有通过贯彻第三方立场连续诊断病例才能够诞生的工作专业性。在商业世界里，因为自己有过实务实践的经验而自称咨询业者的情况很多，但是根据自己有限的经验而说的经验之谈或者是经验原则，与第三方立场出发的咨询业者，从本质上似是而非。这一点，如果可以深入思考，一定可以理解。

但是，反过来说，咨询业者也不是自己有着同样经验的所谓经验者。即便是有一些经验，也不过是偶然巧合，更不用说经常被世人奉承为"经营专家"的人，这根本是不可能的，就像医生并不是"人生的专家"一样。可以说，不管是经营也好，还是人生也罢，在这些所谓人类的营生行为中，就不可能存在"专家"这样的概念。充其量，也就是在发现疾病、课题并加以对应中特化出来的职业。企业也好，人类也罢，即便是持有疾病或者课题，那也应该是具备自我治愈能力、解决能力的主体。一般来说，大多数情况都是可以自己解决、克服的。咨询业者的工作与医生一样，仅仅是在原本应该具备的自我治愈能力和课题解决能力因为某种原因出现故障而陷入难以发挥的情况下，伸出援手，断定那些引起故障的原因，并将出现问题的地方摘除。社会上的确存在口无遮拦地放言"就是我为那个客户企业制定了战略决策"的咨询业者，那只是一种骄傲。其实，应该这么说：我们只是在客户企业制定战略时给了他们启示，找到了困惑在眼前的疑云的产生原因，帮助他们拨开云雾重见了蓝天。

反过来说，如果要求咨询业者作为当事人提供经验并实际操作，那就不应该委托咨询业者，直接雇佣有经验的人显然更加合理。如果需要咨询业者的帮助，那一定是仅凭当事人的经验远远不够的情况。而被要求的也一定是因为是彻头彻尾的第三方立场所以才能够首次抵达的视角和思路。

之所以会需要这样的视角和思路，是因为每个"企业"所面对的未知的课题，正是这些"企业"日常所固有的课题。这里所说的"固有"，是指"史无前例独一无二"的意思。去挑战解决这个固有课题的"企业"所需要的帮助，并不是特定经验的支援，而是需要广阔的视野、不带先入观念自由俯瞰的冷峻的眼光，并以此来判断什么样的经验、知识、思考才是有用的。这对于咨询业者来说，就是与客户一起摸索探求"至今为止没有答案的、从未涉及的问题的解决方案"的工作。

从这个意义上来说，借用心理学家河合隼雄的话，咨询业者的工作就像是"日常与客户一起挑战处女峰的登山活动"那样的工作。当然，挑战登山的是客户，咨询业者可能是与他们同行的导游之类的存在，但绝不是已经确定了路线的观光导游。拼上性命向未知的处女峰挑战的客户，会在生死一线的关键时刻，征求咨询业者的意见。并不是作为观光景点的专业导游，而是必须对同行的对方做到知根知底。天气和路线固然重要，装备、食粮，还有对方的技能、体力、气力，错过这个机会的风险，今后有没有获得别的机会、资金的选项……咨询业者需要综合各种要素和条件后作出判断，为当前局面中的决策提供帮助。因为这是来自这个固有客户的意见征询——该如何判断为好，所以这里必不可少的是细心观察、悉心照顾到这个客户固有的全部。

这样思考的话，就会发现：从某种意义上来说，咨询业者的作用其实是站在街头巷尾所谓"专家"的对立面。所谓"专家"，换而言之，是只对自己的专业领域负责的存在。他们是在阐述意见时，"根据自己的专门领域的见解……"有所保留的人群。但是，"企业家"在作出最终判断时所肩负的是这个"企业"的全部，是与这个"企业"相关联的所有的背景事项。他们所需要的，不是带有保留条件的限定性意见，而是在通览俯瞰可以考虑到的各种专门知识的基础上，综合判断，找出对于这个"企业"来说最符合它身份的且只有它才能够做到的关键点。咨询业者的工作，就是在本质上，用其综合判断协助客户立场的工作。如果一定要说是"专家"，那应该称之为"提供综合判断帮助的专家"。

这也是客户与咨询业者之间原本应该持有的关系。

但是……自称咨询业者的人数还在漫无边际地增加，能够胜任这样工作的咨询业者，这世界上到底能有几人？这样的现状，真的很难认可。也只能够等待那些可以辨明真伪的"企业家"的评判了。

现今，志愿成为咨询业者的人很多，他们也被认为是人才一族，但是，就其工作的本质来说，是不是属于古语中所说的"渡世民"系列的职业？在日本，历史上把扎根于社会或者地区定居的人称为"常民"，而"渡世民"则是与其相对的概念，是指：没有固定的居所，在日本各地辗转一生的艺人、侠士、力士，好像还有早期的医师等也归为此类。这是一群终生行走在世间、不断"学习的旅人"。从某种意义上来说，他们是通过与众不同的人生态度在人世间持续奔波，将所到之处"常民"的社会常识的阴暗面暴露出来的人。正是因为他们偏离了"常民"的人生轨迹，成为拥有叛逆的自由精神的局外人，所以可以在两个不同的世界邂逅这种非日常性的场面中，从另外的世界带来可以颠覆"常民"世界常识的东西。而他们也一定就是这样的一种存在。现代的咨询业者原本也应该归属于"渡世民"这个系列，自由地纵横天下。而正是这样的存在，才能够给包括经营事业在内的"常民"的世界带来自我发现的惊愕。

但是，这些都变成日常性的东西，并被不断普及，以至成为咨询业务这样的商品，参与业务的咨询业者也变成普通人，自己选择了作为"常民"的道路。这不得不说是一种时代的讽刺。既然是自愿地接受了这种存在方式，那么也只好像其他普通的服务一样，成为被使唤的咨询业者。

信义

当被问到经营中最重要的是什么的时候,我想回答:那一定是"信义"。

"信义"是"企业"活动的土壤。

好的土壤会孕育丰硕的果实,坏的土壤则会带来凶残的杀戮。

如果失去了信用,那将是很难挽回的。不管怎么去起誓、去反省、去谢罪、去改变,要知道能够使得这个誓言具有意义的还是信用。这并不是只针对他人。仔细思考一下,就会发现对自己也是一样。

而信用的基础,就是"信义"。这一点也是不容偏差的。

"信义"并不仅仅停留在不撒谎、遵守约定的层面上。这是在社会的共同活动中,理所当然应该履行的,也是被相互期待履行的原则,关系到了所有。

正如马克斯·韦伯所教示的那样,资本主义这样的游戏之所以成立,并不是仅仅依据这种游戏的形式知识化的原则。其根底里存在着：根据各个社会的历史与传统而形成的社会规范与道德。它们经常被认为是在普遍的游戏规则中加入了一点个性、文化特征的差异，但是实际上恰恰相反：游戏规则只是"坐"在了社会这个巨大的舞台上。因为是相互之间共有"信义"的同志，所以这个游戏才得以成立。这并不是说，只要能够遵守规则就可以。比起高高在上的游戏规则，"信义"的深奥有着更加深厚的根基。无法共有"信义"的人，不懂得"信义"的人，只能够共有游戏的时间，反正他们也不会有结果。这并不是本土化和全球化层面的问题。如果一定要说的话，那是接近于是人类、非人类这样的话题。

被模型化的"纯粹竞争"观念所侵蚀的大脑会认为：这些要素是混杂在纯粹的原理中不合理的不纯物、夹杂物，说得好听一点，也就是特殊要因。但是，这些不仅不是夹杂物，而是扎根在包括企业活动在内的所有人类活动中最基础部分的东西。我们不能忘记，企业活动也是历史时间中人类的营生行为。"企业"也是历史性的、社会性的存在，"企业家"所被托付的是这个"企业"的整体，绝不是坐在上面玩的游戏。

"不强壮的话就无法生存。不温柔的话就没有生存下去的资格。"这是雷蒙德·钱德勒借小说主人公之口所留下的名言[①]。从某种意义上来说，这放在作为法人的"企业"身上，也可以通

[①] 雷蒙德·钱德勒：推理小说作家。这里引用的名句由本书译者翻译日语而来，可能与其英文原文略有偏差，其英文原文为："If you're not tough, it's hard to survive in this world; and if you're not kind, then you don't deserve to survive."

用。说句漂亮话，在撒谎不会经营之前，"连这样的事情都不懂的人根本没有经营的资格"这样的思考还是属于"常识"性的范围的。只要是人类，偶尔都会有投机取巧、软弱的一面。而在经营的主线上持续地投机取巧、掉队，是肯定不能够获得成功的。即便是偶尔出现一两个看上去成功的"企业家"，只要认真观察一下，这个人的周边是不是真的聚集了为这个人而工作的员工，就马上可以判断出他是不是真的获取了成功。嗅到金钱的铜臭味而聚集起来的人，一旦感受不到金钱的味道，就会扭头离开。如果不是真的获得成功，就不可能长久。

我认识的创业企业家留下的语录中，有这样的话语：

说到经营的诀窍，"端正的姿态"就是全部。
追求眼前利益的人，其落寞也很快。光明正大的，走适合人类发展道路的正统派经营的"企业家"最后会留下来。（《正见录：藤崎真孝语录》[1]）

还有稻盛和夫[2]在访谈中所说的：

"企业家"有把"想赚钱""想把企业做大"这样的私欲作为起点的倾向。但是原本应该把"作为一个人什么才是正

---

[1]《正见录 藤崎真孝语录》：作者藤崎真孝是日本二手车销售商 Aucnet 的创始人，《正见录》是他晚年罹患癌症时撰写的经营体会感悟，于 1993 年出版。
[2] 稻盛和夫：（1932—2022），日本知名企业家，京瓷与第二电电（今 KDDI）创始人，曾任京瓷暨日本航空名誉会长（董事长）、公益财团法人稻盛财团理事长等。

确的"作为起点。不是仅仅选择对自己的企业有利的事情来做，即便是对企业不利也应该选择人间正道。（摘自《周刊现代》2016年8月20日、27日合并号）

这里所谓"人间正道"，并不是指在事业上获得成功意义上的"正确答案"。在事业中追求"正确答案"，哪怕只是前进一步也要积极向前去接近成功，这正是"企业"的创造性事业活动，当然没有人知道"正确答案"，也会出现无法到达成功的情况。"人间正道"的真正意义显然不在于此，而是在于追求"正确答案"上的"正道"，正确地去思考、去行动的姿态和规范。

这种姿态，必须展示"企业家"的商才和商魂，而其背后给予的支撑也必须是毫不动摇的。

那么，这个正确又有着什么样的含义呢？

"企业"的经济活动和事业活动，都是靠搭顺风车（不放过任何机会借势而为）而得以成立的。可以说到处都是在搭顺风车。源自"企业"自主行为所探究的课题，时至今日终于成为市场焦点的并不只是地球环境问题。就像明治时代以后，或者说第二次世界大战之后，日本经济能够取得史无前例的高速成长和发展，其背景就有历史上培养起来的日本文化的道德规范、技术积累、高水平教育等。这一点毋庸置疑。日本的"企业"在雇用员工的时候，也早已理所当然地搭上了上述历史累积的顺风车。不仅仅是人，所有的生产手段，哪怕是调配的原材料，也是一样。你可能会觉得正在支付成本，但是能够用这样的成本入手一定品

信义

质的产品，这本身就是在搭顺风车。不光是物质性的社会基础建设，城镇、区域的共同体之间的联系，作为共同约定的习惯、制度、文化、论理，也都是如此。搭上包括社会环境、自然环境整体的顺风车，所以"企业"的事业活动才得以成立。如果什么事情都觉得是"企业"凭一己之力而取得的成功，那才是一种岂有此理的错觉。"企业"只不过是共享了这样的社会基础，享受到了其带来的恩惠的社会成员之一而已。

"信义"就是：不仅限于物质性的基础建设，包括肉眼看不见的社会基础整体在内，共享者相互之间必须达成的、被期待的约定。虽然被共享的东西是免费的，但是绝对不可以去损坏、破坏。如果损坏了，那就一定要负起修复的责任。如果看到劣化的东西，就要想到去恢复它。在作为"企业"的事业去思考之前，作为一个人去思考，这也是理所当然的事情。但是，一旦进入经济活动、事业活动，人们普遍就会坦然地陷入"对自己有利的就什么都做，对自己无益的就不做"的思维逻辑。这真的令人费解！

在追求事业利益上，法律有规定的会去遵守，法律上没有禁止的就什么都可以做，甚至打法律的擦边球，成为事业的精妙之处。这样的想法究竟是不是"常识"？之所以不非法抛弃废弃物是因为法律上有这样的规定，如果只能够这样思考的狭隘规范蔓延到了社会的各个角落，正常人都会觉得背脊发凉。

但是，现在已经是法治的时代，即便是自身不持有各种规范，不管同不同意，都已经被外形上的商定所束缚，甚至感觉到被捆得结结实实的,这就是现代。

这已经远远超过作为人类常识性的感觉,不管是做什么,依据法律制度所规定的规则和基准已经达到极端繁杂的地步,企业活动也有着被五花大绑的感觉。这其实是对假定了发生超越所谓"应该知道"的默契的情况和事态加以明文化的产物。这里不必去否定其必要性,但是作为结果,为了满足这些条件所被要求的工作和手续不断复杂臃肿也是事实。不管是想开始新的服务、新的事业,还是与顾客、合作方的交涉,对法律法规进行细致的研究、确认,在此基础上对合同开展的细致讨论,都成为日常的必需。我们进入了一个这样的时代。

但是,随着这些工作持续地耗费大量的心神和精力,一旦完成了其庞大繁杂的手续,在这个过程中所明示规定的事项,就成为之后有义务遵守的唯一规范。一种新的错觉又产生了。或者说是产生了新的错误:明明是假定人类社会常识性的规范而加以明文化的东西,在不知不觉中、在无意识中被颠倒了概念的上下关系,被明文化的规定自身成了行动的规范。清醒之后发现:原本在自身体内思考与行动的规范,这样的主心骨,已经开始融化外溢,变成了空洞;而经过商定的来自外界的束缚的牢笼,已经变成行动上的规则而残留了下来。也许有人会认为那是一回事情,但是其相异的深渊深不见底。因为,"应该做什么?不应该做什么"这样的思考行动规范从自己的手中失落,原本在自身内部的规范已经变成外在的另外一个东西了。

理所当然地,在此之后,所谓"正道"的思考、观念也就再也不可能内发性地诞生了。不管怎么说，已经失去了判断是否正确的自己的规范，只剩下了不得不遵守（或者说遵守更能够获利）的被决定的规则，那里只剩下了"既然是已经被决定的，你也就必须去遵守"这样幼稚层面的思考。

这里有必要再次强调一点："企业"并不是对社会既成的框架全盘接受并在此框架下勤苦劳作的存在，而是因为其能够超越既成的框架，拥有冲破既成框架能量的内发性的自由，才成为"企业"。不管世间如何议论，贯彻自己认为是好的事情，从中去获"益"，也就是说，将事业化坚持到底。这时候，占据"自由"的核心位置的必定不是利己，而只能够是如何思考行动才是"善"这样的自己的信念！在法律规定的范围极限中行走，有时候探求通往法律漏洞的途径，这些都是基于自己的信念，基于"善"的思考而来的。

超越既成的框架"自由"发展所必需的条件，也有自己对自己要求的"纪律"。理所当然，既然是自由地超越既成的框架，那么也就没有来自外部的纪律约束。

诚然，制度、法律，或者缔结的合同还是必须遵守的。但是，并不是说只要遵守了就可以为所欲为，同样，也不是只要唯唯诺诺地遵从就是好的。"企业"所企划的创造性活动的射程，要远远超越被商定的规则的范畴。当"企业"在那里坚信自己的思考、自由地行动的时候，对于"是不是越自由越好、那是不是正确的、有没有偏离道路"，如果没有自己的判断依据，那么这个"企业"也就没有"自由"的资格。

正因为是"企业"在挑战"超越既成的框架，自由地创造'价值'"这样的社会性的冒险，所以"企业"作为自身的东西更有必要具备"判断这是不是'正道'的约束自己的纪律"。这就需要遵从"信义"。可以说，"企业"的目标越具有挑战性，就越有必要遵从"信义"。

自身失去了判断是否是"正道"的基准，仅仅凭着"因为可以获利"这样的理由毫无思想地去迎合时代、追随时代……如果社会上只剩下这样的"企业"，那它们就成了社会性暴走的帮凶。泡沫经济时期的暴走，就是这种典型。现在，带着顺应时代潮流开展 SDGs 更能够获利这样的思考，只是单纯地想搭顺风车的"企业"，与当年看到土地价格持续暴涨就跟风连续投资土地开发的"企业"，从本质上来讲并没有什么区别。它们只是在不变的本性上，替换了靓丽的衣衫。

原本应该是：不管周围如何，不管自己到底是获利还是受损，因为认为是正确的，所以将之作为规范来约束自己。如果自己并不坚信是正确的，其结果只能够是：在将来每一次时代思潮的变换中，追随流行潮流，毫无节操地去改变想法，"其他人这样做了，所以自己也这么做"，翻来覆去地去改变行动。当然，也不会明白"把握时机"与"搭世间的顺风车"之间的区别。

虽然，人们的思考会倾向于资本主义经济的发展是靠创新来达成的，但是，经济体系外的某种资源经常近似于免费地被吸收到内部（搭顺风车）。石油等化石燃料资源是这样，廉价的农村劳动力是这样，发展中国家的市场也是这样……当然，准确地说：自然环境和社会环境中存在的所有资源都可以列入其中。把潜在于体系外的东西近似于免费地吸收到体系内部并将其资源化，然后去吞噬由此产生的巨大"利差"，不断膨胀至今……这就是俯瞰视角下的资本主义经济体系。甚至可以看到：当吞噬完这些与外部之间的"利差"，如今是反过来，在体系内部人为地创造出一个外部，在那里产生新的"利差"。这就是世人所说的被称为"格差"的问题。只是把"利差"动机作为原动力的体系，最终必然走向这样的地步。

在经济理论中，早就有过这样明确的指摘：全体系最优化所图谋的只是被吸收到体系内部的东西，所以，掠夺来的残骸、被排出外部的老旧废物都不是最优化计算的对象，冷淡地说"最后就剩下荒山野岭"。这样累积下来的残渣和老旧废物等不光带来了眼前的自然环境问题，更影响到了社会环境和人类的生活环境、精神环境。对于这些，漠不关心、毫无见地、没底线地搭乘顺风车……这能行吗？比如说，担心将来孩子们受到精神环境的恶劣影响，哪怕是法律没有禁止的事情也会自我克制。这样的思考和行动本就应该是常识性的感性。这种判断的依据，就是自己对自己所要求的规范——"信义"。如果欠缺了"信义"，那么就会堕落为极端的思考："卖好卖的东西，到底哪里不好？"

从这个意义上来说，现代并不是一个容易判断是非的时代："企业"所想做的事情真的是好的吗？是不是沿着"正道"行走啊？已经不再像物质上无法获得满足的过往时代那样单纯。在没有汽车的时代生产汽车，在住房紧缺的时代建造住宅高楼，都能够坚信是好的事情。但是现在，到底做什么事情才是好的？做什么事情又是不好的呢？"企业"必须真挚地去面对这样的难题的时代已经到来了。甚至可以说：就此问题的见地，已经逐渐可以决定"企业"的优劣了。正是因为这个判断很难，所以对自己要求的规范才显得更加重要。

面对这样的时代，只把"因为获利""因为受损"当作唯一的思考行动准则，遵从只要遵守规则就好这样贫瘠的规范，即便是在前行，又能够抵达哪里呢？它们所唯一可以依赖的就是听从市场的声音就一定可以达到最优化状态这种已经被视为迷信的思想。

"企业"里，有着作为社会性主体（社格或法人格）的见地和自负，所以才会诞生自己的判断能力，去分辨什么是好的，做什么事情是好的事情。并不是因为被他人或者劝说影响，才去这么做。也不是因为社会的风潮是这样的，就随之而动。而是通过自己的考量，化作强韧的意志，化作自身内部所具有的能力。正是因为"企业"是这样秉持固有意志的主体，所以才能够提出新的"价值"，哪怕是再小的规模也能够成为"可以创造出撬动社会变动契机的存在"。

"在自己思考的时候，不是利己，而是社会性地思考"这样的约定就是"信义"。所谓"正确地思考"，也就是这样的。

"信义"就是"企业"对其社会性存在的证明。

把"信义"作为内部规范并体现出来的毫无疑问就是"企业家"。"企业家"的品性最终将变成"企业"的品行和品格如实地表现出来。呈现出来的商魂和商才,也需要将自身贯彻的"信义"作为坚实的后盾。

如果说贯彻坚定的"信义"的脊梁是日本"企业"的传统存在模式,那么,21世纪时代环境下的日本"企业"有着只有它们才具备的潜在可能性,而这种可能性现在正在那里沉睡……

终章:从"迷宫"走向觉醒

不要指望能看穿王座中的一切……
你根本不可能理解在沉重的皇冠下,
我头脑中有多么的苦恼和悲伤!
——朱塞佩·威尔第:《唐卡洛》(歌剧)第二幕

隐藏在"迷宫"中的陷阱

书到此处，我们已经在探索企业这一"迷宫"深处的同时，尝试逐一去解开其特殊的观念及用语中隐藏的陷阱。我们可能会感受到，深究的结果只不过是无聊地找到了那些自然而然的、理所当然的东西。然而，就是这些被视为理所当然的自然"常识"（common sense），如果能够被再次唤醒，这项细致的工作也就不是徒劳的。如此这般逐一检验"迷宫"的特殊观念的做法，并不是在追究什么是理所当然，更为妥帖的说法应该是：重新追问什么才应该被视为理所当然。在本书的整个探讨过程中，最重要的问题始终是：重点不是事物或事实本身，而是观察者应该如何去观察它。这是因为企业家在无意识中从其手中被夺走的并不是结论，而是思路。

而能够这样改变思维逻辑、理所当然的事情，又是怎么一回事呢？

"我只不过是服从组织的命令而已"，许多人都听说过这样的一句话——纳粹分子"二战"后为其自身辩解的说辞。"二战"后我们日本人豹变的样子,也是一样。昨天还以亚洲盟主自居,口中骂骂咧咧叫嚣着"英国鬼子、美国畜生"迈向战争的人们,突然在某一天转向赞美、标榜欧美的民主主义,就像到昨天为止什么事情都没有发生过那样。

以太平洋战争的结束为分界线的,甚至可以称之为暴力的思潮的变节,对于生活于那个时代的有心人的精神世界来说,无异于残留下了"如同自我身份撕裂般,难以治愈的扭曲和伤痕"。然而社会思潮是完全不会介意内部的摩擦和纠葛的,无节操的变化也是寻常之事。限于经济活动相关的言论来说,其破坏程度就更为严重,丝毫不留情面。迎合世道的整体状况,默默地将其正当化的言论,轻而易举地踩躏着常识的感觉,以夸张的架势席卷时代,支配时代的氛围。每次听闻那些风头正盛、被劲头十足地阐述着的所谓顺应时代潮流的主张、言论时,我总是不由得想起这些。

与战争时代相提并论,也许会被认为是在小题大做,然而如果考虑到人们总是深信"当今的时代一定是奔走在进步的最前沿",那么对时事的俯瞰式的怀疑思考也就在不知不觉中被剥夺了。从这种意义上来看,像战争时期那样极端的例证也绝不是故弄玄虚。或多或少,人总是不自觉地置身于现在而活着,这也可以说是我们的宿命。科学技术的进步与当时相比早已不可同日而语,信息的传播也已经变得无论在何时何地都很容易,但是人类社会的本性却丝毫没有变化。

如果听到"从今以后将进入这样的时代""那样的想法已经过时了"这样铿锵有力的言论，在大多数的情况下，我们应该首先对此质疑。就算是那些被吹得天花乱坠的所谓最前沿，如果时代的潮流再次发生变化，要么会像从未存在过那样被抛弃，要么就是被无节操地翻弄更改，"因为那个时候是那样的"云云。即使在那里隐藏着一些真相，对于到底什么才是本质，我们还是应该相当谨慎，注意不要被蒙骗，用自己的感官、理性去分辨，如果存在于我们内心深处的常识性感觉中出现了不协调，那更是我们应该认真对待的。然而，时势总是拥有一种力量，将这种质疑精神的感性和理性毫不留情地连根拔起、一举冲垮。

放眼环顾我们的周围，会发现街头巷尾充斥的尽是"今后的经营课题将是……""企业能在这个时代生存下去的条件是……"这样的议论。被这种时代氛围完全支配的结果就是，一步也好，哪怕半步也好，总之要在"经营"形态（状态）上领先于其他企业，呈现出一派你争我夺、奋勇当先的景象。

如果将时代比作一艘大船，大家都在船上为了争夺离船头更近的位置而争先恐后地奔走，然而真正重要的是船本身到底去往何处，瞄准大船目的地的眼光才是真正不可或缺的。站到船头的位置，也只不过是为了更好地看清、看准大船的去向。遗憾的是，世间充斥的都是"时代的前沿（船头）在哪里""怎么做才能比别人领先一步站到船头"这样的言论，企业家们也被淹没在这一洪流之中。

即便是"在今后的经营中，多样性（diversity）会变得很重要"这样的说法的确有道理，但是大家仿佛大合唱般设置同样的标准，齐头并进地去比较进展程度，那就相当滑稽了！而这一点居然还没有得到自省！非常遗憾，大家都已经习惯追随世间的潮流，并排成一排等着被打分（评价）。然而，如果没有意识到这一奇怪现象的感性，是不可能作出真正正确的经营判断的。诚如小林秀雄①所言："气势威严的东西，往往是滑稽的。"

企业家是需要保持冷静（清醒）的。在一切平静之后，出现在眼前的隐藏着无边可能性的空虚才是反过来成为下一个事业创造的沃野，也才是企业家真正应该面对的。而不应是在时代的大船上，如同参加祭祀仪式般去凑热闹，热衷于冲在前头。

名为"经营"的幻觉

回过头来再看看，这些气势汹汹的煽动，可以说是从将"经营"概念化后抽离出来开始的。

将过去被各个企业家各自秘而不宣的"招数""奥妙"公之于众，通过用"经营"这一名词（用语）来指代"引领企业"这一日常营生，作为抽象的概念抽离出来，就是这一切的开端。作为观察事态的"眼镜"，将本质抽象化，毫无疑问是有意义的，但在实践中，这种行为轻易地就跨越出了其原本的范畴，并在不知不觉间变形为标准一样的一般规范。而以此为起点的所谓"应该理论"（应该如何如何的理论）开始了自生、增殖。以概括出

---

① 小林秀雄：日本作家与文艺评论家，毕业于东京帝国大学，擅长自我解析、创造性批评，获得过文化勋章。

"经营"概念为开端，新的概念被一个接一个地概括出来，各自又成为产生所谓"应该理论"的温床。"迷宫的经营辞典"中收录的众多用语正是这样被创造出来的特殊用语。之所以称之为特殊，是指各个词语的语义，较之根植于常识性感觉中的实质意义，已经被偷换了概念。本书至今为止精心验证的，正是这些在不经意间被偷换概念的背后所隐藏的圈套。然而，这样的新奇关键词的生成，在"经营论"这一特殊的世界中，依然每天延续着旺盛的课题创作和小题大做的俗套手段。同时，企业家看似还在期待"下一个话题是什么"，哪怕它们只不过是反反复复被换上新装的陈旧话题。

是好是坏暂且不论，就像将在孩子们的世界中很久以前就已存在的、孩子们特有的某种社会关系名词化为"霸凌"，作为一个概念被"拎出来"一样（而在此之前"霸凌"应该只是一个日常使用的动词）。也正是在这个时候，它才作为一种特异的现象开始引人注目，感觉上这样的事例也一下子变得多发，连孩子们自己也开始将"霸凌"单独"拎出来"了……从原理上看是一样的。这是一种让人产生错觉的伎俩：把原本存在的一种状态变成一种独立的行为。本来只不过是从行动中抽象出来的对一个侧面的形容，却开始被认为是具有其自身独立目的的行为。叫喊着要停止被冠以"霸凌"之名的行为，想把它"拎出来"排除掉。然而，在这样做的一瞬间，很多最初存在的意义（语境）都消失了。即使很容易让人觉得自己懂了，但它甚至会与你正确对待所需要的理解背道而驰。

当然很高兴地看到企业管理相关的各种知识和感悟得到深化，通过积累和分享，经营的方法论也摆脱了以往的粗放形式，取得了进步。然而，这也绝不意味着"经营"已经成为拥有其自身单独目的的技艺（practice）。不管将多少经营理论、经营手法归拢到一起，它们也不可能成为经营。这种想法无非是一种错觉的产物，即将经营视为一项按照一定的套路进行的竞技体育，或者是根据既定的规则决定胜负的游戏。也就是所谓"只要掌握了某种技艺就能获胜"这样的想法。然而，在现实中，企业的经营是每个企业都在不同的世界里，面临着不同的挑战（或者说，在进行着不同的游戏）。就如同你的人生和我的人生是不一样的，（对于不同企业而言的经营）这也是不一样的。不可能存在一个通用的方法或手法或是制胜的理论。

碰巧进入股市这一相同的竞技场，只被用测量资本效率的标准来评判，才在不知不觉中诱发了这种错觉。然而，棒球也好，游泳也好，体操也好，拳击也好，不可能存在"全能的职业体育选手"。与此相同，经常被称为"经营专家""专业的企业家"这类玄之又玄的概念也是不可能存在的。如果有的话，是不是有点像人类中那些所谓善于耍花招的"人生达人"。然而，因为集处世术（待人处世之术）和处世训（人生哲理）之大成，所以人生得以成立，这也是不可能的。

想想，"management"（经营）一词来源于"manage"这个动词，原本无非只是"做好"（某事）的意思。因此，这里的"某事"因企业而异，都有着不同的固有内容。被称为理论、手法，无非是帮助你做好重要的"某事"的智慧、手段和工具。但是，人们还是被巧妙地洗脑了，误认为经营就是那些琐事的集合。然而，认为"只要有了那些，就能经营一家企业"显然是一种离谱的幻想。在大多数情况下，缺乏的是做固有的重要事情的力量，而不是这些手法和小道具。小道具的不足，是之后的话题。"某件事物"本该是理所当然的事情，但是，已经不能够理所当然地去思考"某件事物"了。这就是所谓被剥夺了思想吧。

对经营理论和经营手法概念化和模型化时，所实施的单纯化（简单化），充其量只是意味着将事物的一个侧面切割下来，即便是能够成为客观观察事物的切入口，也与实践的处方没有直接关系。然而，那些从事客观性工作的人们，为了通过单纯化（简单化）模型的"眼镜"看他们想看的东西，往往会尽可能地根据自己的兴趣开始进行可视化（反过来说，站在他们的立场上，无用的东西是不会试图去看的）。因为他们站在了如果不能可视化就无法描述事物的立场上，这样做也是理所当然的。如果可以可视化而不去可视化，这显然是一种怠慢，但如果硬是要将无法可视化的东西去可视化，把所有的东西都用可视化去说明，这样的做法就过头了，反倒是限定了观察事物的范围，视野变得狭窄，其结果只能是将事物矮小化。这样的陷阱，正是我在探究"迷宫"的过程中反复指摘的。不用说，要是沦落到"无法可视化的东西就是有问题的""无法说明的东西就是值得怀疑的"，那更是愚不可及。经营本来就充满了无法可视化的东西。唯其如此，才称其为"经营"。

　　何为正确的经营判断,不是通过论理和计算客观地决定的,而首先应该是由"将视点的位置设置在哪里"这样的主观性来决定的。只看眼前认为是正确的事物,和长远(永久)的视角看来是正确的事物,是不一样的。如果视野变得更加深远、更加宽广,可以一目了然的可视化的事物就会非常有限。然而,即便如此,既然还会主动选择将目光投向这样一个没有边际的未来,一边在黑暗中摸索,一边去追求最善的(最好的),并去作出决策,这才是企业家。

　　只是抓住可视化的一个侧面,用逻辑和计算来宣称"要这样做、要那样做"的所谓"专家"和"评论家",即便是多如牛毛,当被提到"那你来干干看",能够胜任企业经营的真正的"专家""评论家"恐怕也没有几个。这个世界上稀缺的是优秀的企业家,成为一名优秀的企业家远非成为一名专家所能比拟,要难得多。企业家不应该被扎堆在他们周围的这样一群人所误导。如果"专家"是那些将职责限定于自己的专业领域内,超出框架就不承担任何责任的人,那么企业家所受托的理所当然就应该是作为社会性主体的企业的全部存在。

　　一方面,一种称不上是科学的经营理论却作为权威流传开来,经营手法被解释得好像真实存在一样,鼓吹它的所谓咨询业者大行其道,将经营工具打上"解决方案"的铭牌到处兜售的商贩登堂入室……同时,企业(企业家)进入资本市场,排起长队接受业绩考核……在这样的反反复复中,不知不觉地,企业家的大脑从根底里被一种可怕的东西所支配，那就是作为完全颠覆时势的抽象概念——所谓"经营应该有的样子理论"。"战略论""市场竞争""企业价值""经营指标""成长战略""组织论""改革手法""M&A战略""事业开发过程论""人才培养论"……这些理论都摆出一副理所当然应该存在的样子，但即便你是从字面上去接受它们，最终它们还是会将一个有血有肉的"企业"打扮成观念上的游戏玩家（game player），就像是赛马一样，随心所欲地将其推向竞争的赛道。

另一方面，作为承接了"企业"这一社会性主体的负责人，企业家原本就应该具备的根植于"常识的感觉"（common sense）的自然思维和判断，却被封印在黑暗里。但是，如果真是那样的话，那和战争时代的日本国民又有什么区别呢？只要遵循被世间鼓吹、宣传的概念化的"经营"应该如何如何的理论，就可以打开光明的未来之门，就可以实现善的（好的）经营，就能够成为善的（好的）"企业"……这样的保证、根据理所当然是不可能存在的。而我们则更应该清晰地认识到这一点！

被时代所左右是普通人的人性，也正是因为如此，至少在一家企业里，企业家是唯一有自己独立思想的，"什么是理所当然的""什么是奇怪的"，他们绝不会将这些感性和思考放手于他人。如果你有了"虽说是如此，但毕竟时代还是……"这样的念头，就更有必要从这个诅咒中觉醒。这正是作为统领企业的领导的责任。

逃避"主观性"的诱惑

正是这样,当全神贯注于如何经营企业的时候,却反而看不到该经营什么。

再想一想,"企业"不是像军队那样要么获胜要么失败的存在,即便是想要打比方的话,也不应该是军队,而应该是国家。如果是军队的话,目的当然是获胜(能够获胜)。从这个意义上说,什么是一支优秀的军队,显而易见。问题从一开始就是方法论,即"如何去干"。然而对于国家来说,什么样的国家是善的(好的)国家,才是首要的根本性问题。方法论也好,手段也罢,应该只不过是下一个讨论的议题。

然而,从军事领域引入了"战略"这一用语,并专心于此的过程中,就会陷入认为"战略"(军事谋略)就是经营这一错觉,进一步说,就是陷入认为"企业"就是军队这一错觉之中。但那只不过是在市场竞争这一思维模式上展开战斗的经济性主体。这种思维充其量只不过是一副用于浮现出其中一个侧面的"眼镜",而基于这个观念上的模型却被错误地认为是自我认识上的一种规范。原本即便是有必要去战略性地思考,也不可能就意味着为了"获取胜利"而进行的思考就是经营。企业家不是军队的将领,而必须要像一国的领袖那样。

21世纪的今天,早就没有人还会脑子短路到去相信"善的(好的)国家就是富裕的国家、GDP高的国家、军事力量强大的国家"这样的言论。必须要说,"企业"也是如此。就企业而言,被质疑或者必须被质疑的问题正是，自己的企业是善的（好的）企业究竟是怎么一回事情。因此，从考量经营出发，也必须是对什么才是善的（好的）企业的自我定义。当然，这不是一般的应该如何如何的理论，而是每个"企业"各自都想实现的固有的独白形象的自我定义，换而言之，就是这家企业具体是为了做什么而诞生，又是为什么要持续经营。只有这个"价值"轴是不能托付于他人的。如果只能用"当然是为了获利、想赚钱"来回答，那就意味着诅咒还没有解除。高度成长期的"经济动物"或许还是为了未来怀着不切实际的梦想不断奔跑的勇士，但如果到现在还没从梦中醒来的话，那就真的成为名副其实的动物了。

对自己企业所想实现的善的（好的）"企业"的定义，只能够来自作为法人人格的"主观"。那就是用自己的意志来决定这个"企业"做什么事情，是怎样的"企业"。企业家作为体现这种"主观"的人，必须具备强韧的"主观"。

所谓"主观"，就是你认为什么是有价值的，毕竟，这才是你的责任或者说是"身份"（存在意义）本身。基于自身（自己企业）的责任去思考什么是善的（好的），不是如何才能够获得成功，而是对怎么样才是成功的自我定义。在那里，"企业"的法人人格、被委任的企业家的赤裸裸的人格，都暴露无遗。从那里逃出去本应是不可能的。成功的时候，失败的时候，首当其冲的企业家在他人眼中映射出的身影里都可以看得出来，无论他们想不想被看出来。哪怕那只是为了他自己的扬名立万而一掷千金，哪怕只有随之而来的成就感和愉悦感这样的层面，那也是一种人格，会被毫无修饰地暴露无遗。

然而，"企业"和它的企业家已经被拔掉了"主观"的人格。"被拔掉了"，听上去可能是被动的，但实际上，更可能是一种自甘堕落的逃逸。其避难所就是以"客观"为名的无思想。只要遵照客观所示，就与自己的人格无关，时不时地按照自己的心思像模像样地替换招牌，最终就可以避免赤裸裸的人格暴露。要是没有胆量和勇气自豪地去暴露"主观"这种自身的脊梁，企业家也会禁不起诱惑逃进所谓避难所。当然，如果是一开始就不具备"主观"的企业家，那也只能逃进这个避难所了。

但是，如果总是这样逃进"客观"寻找庇护的话，就会变成"（替换了市场的）世间所说好的就是好的"这样的思想囚徒，就会变成遵循世间所设定的标准随波逐流的"企业"。

即便如此，依然摆出豁出去的姿态平淡地说出"生意就是生意，顺应潮流又有什么不好呢"。这正是将"企业"与"人"剥离开来，把"企业"仅仅当作是一个箱子、一个工具这种说法所设下的巧妙陷阱。而且对于那些本想逃进"客观"中避难的人来说，这也是一个便捷的说辞。这个盒子是已经脱离了人类的，最终没有任何人（自然人）为之承担责任的，被物象化为交通工具的"企业"。由于"企业"和"人"是被剥离的，作为"人"的企业家的关注点就不在交通工具的目的地上，反倒像参加赛车比赛那样，驾驶赛车只关注于"胜了还是败了""赚了还是亏了"这样的技巧。他们不对目的地负责，只是以更快到达指定地点为目标。然后，一旦赛车比赛结束，他们就像什么事情也没有发生过那样，满不在乎地又换乘上了其他种类的交通工具。这样的技能型人员是否真的可以被称为企业家呢？这正是当今的企业家自身所面临的问题。

对于这样的企业，从外形上进行行动管理的所谓西洋式统治手段已经准备就绪，控制方与被控制方之间"猫捉老鼠"的游戏也从此展开。称之为全球标准的言论，也在很大程度上成为常识，开始覆盖这个世界。

然而，说到加强企业内部治理，日本传统的感性是"接受企业家的授意，管理企业内部"的存在，而接受这样任务的董事变成"按照股东的意见对企业家进行管理"，就这一点来说，在问题的本质上，只不过是五十步笑百步罢了。回想起来，在创建企业制度时使用了"董事"这一词语，在历史上真是一种罪过。例如，与其说与英文"director"的意思相距甚远，不如说是恰恰相反。想必从一开始就很清楚，如果要用这个词，去与日本人的感性相碰撞的话，只会想象是一个类似于警察的角色，监督政府的意图和法律是否被遵守，而不是指挥方向。结果，被迫增加的大多数独立董事的立场正印证了这一点。董事会只专注于检查缺陷和风险，只朝着预定的方向策马狂奔，而创造性地指示方向的功能本身却成反比，变得僵硬化……这样的情景比比皆是。

在原本没有方向性的地方，再怎么去强化牵制，也不可能产生方向性。即便是要在国际舞台上大展身手，也应该会有传统方法的一席之地。鉴于日本社会的传统，在放任自流的个性文化背景下诞生的、像从外部安装铁环一样的西洋式支配方式，自然不会产生好的结果。如果这样做，想法、思考、态度都只会萎缩。那只会不断助长没有内涵仅仅依赖表象的经营活动。

其结局是，包括企业家本人在内，没有一个人能够自主地、创造性地指出方向，只留下一群朝着被决定的方向安全开车的管理人员。这里所谓被决定的方向，就是来自外部的要求。"企业"被限制在了这个竞技场的框架内，成为那些不承担责任的竞技场观众随心所欲评论的对象，成为依靠自己的力量永远无法从那里逃脱的存在。

所谓放弃了"主观"的"企业"就是这样的"企业"。

对于企业家来说，真正应该感到羞耻的，并不是不了解最新的情况，也不是方式方法老套，而是不具备对企业或者是对企业内外，凭借信念展现自身的"主观"，可以凝聚利益相关方的强烈的"主观"。然而，不得不承认，当下企业家们的意识就这样完全转化成被管理的一方的意识。咨询业者被咨询的主题，也在不知不觉中集中到了应对合法合规、企业治理、DX、SDGs这样接二连三问世的、杂七杂八的课题上，尽是应该怎么样应对为好之类的咨询。中期经营企划的制订也大都带着有意识地讨好资本市场和投资者的鲜明特征。

如果这种意识如同强迫观念一般被烙印下来，那么甚至有可能会产生出一种类似于被管理的人的共同意识那样的东西。接到管理方的要求，就会去想"应该如何回应（如何回答会获得较高的评分）"，并将其作为被管理方的集体指导原则来分享。难道只有我一个人在联想，感受到了曾经是由一个个富有个性的独立店铺的店主聚集而成的商会那样的企业家团体，现如今已经变成购物中心各店铺的店长会议的模样？

何谓经营的"自由"

不得不说，"企业"就这样被拔掉了"主观"这根脊梁，失去了主心骨，其未来的意义真是严重到了毫无底线。那是因为，被拔掉了脊梁的"企业"将不会再拥有依靠主体的自己的意志和力量去探索善的形态、善的存在方式，打破既有的外壳，自律性地进化所需要的"自由"。

近年来，企业家的内心深处被囚禁，难以形容的所谓闭塞感、疏离感的根源，大致也在于此。

在企业家最核心的部分，是没有"自由"的。没有"自由"，就不可能有真正的创意发挥。甚至可以感受到：对于大多数企业家来说，"企业"的经营已经不再是一件令人愉快的事情了。

所谓自由，并不是沿着被指定的目的去选择如何做（How to）的自由。原本应该是可以选择以何为目的（What）的自由。选择那个目的的思考（Why）是你自身的东西。"企业"经营的"自由"就是自己的目的由自己设定的自由。这不是自己选择如何经营的"自由"，而是自己选择经营什么的"自由"，就像人们会自己决定想做的事情一样，对于法人来说这自然也是一种常识。

如今，世人开始乐于谈论目的（purpose）这样悠闲的话题，如果这些新话题只不过是很久以前就被称为"经营理念""愿景"

（vision）"使命"（mission）之类的概念的旧瓶装新酒演变而来的新奇关键词，不得不说这也是非常滑稽可笑的。现在已经不是明治维新的年代了，即便是找一个外来语去替换成一种新的说法，从本质上是不会有变化的。

原本，已经开始做某件事情，之后去思考其目的，这样的逻辑从常识上来说是一种本末倒置的想法。连小学生也会这么认为吧！不是说"企业"需要有一个目的，而是先有了目的再有的"企业"。因为股东、员工、地区社会等利益相关方有所需求，所以需要设定一个目的（purpose），如果还是这样的想法的话，那么就依旧没有从陷入的陷阱中迈出一步。有没有目的并不是重要的，问题的关键是有没有自己决定目的的自由。如果不能理解这一不同，那么就还是和过往一样，本质被偷换了概念，而躯体继续被操纵。甚至可以看得到其结局：仅仅是建立一个最大公约数的肯定现状的"目的"（purpose）而已。

如果"企业"原本就是自由地依照自身的主观性目的（为了什么）去面对社会的存在的话，那么，就必须自己去找回这个"自由"。

为了达成目的（独自的某种东西），召集可以共有这个目的的伙伴，用自由的思想构建独一无二的独特组织，凭着信念开展独特的开发，用热情招募赞同者，即便是不能够马上获取成功，通过将这样的活动事业化，并持续不断地去挑战，作为结果，成为现在这个"企业"。任何一家"企业"都是这样成立的。如果可以再一次唤醒这个"企业"成立过程中的"记忆"，那么就一定能够靠真实感（actuality）再一次认识到其本质。哪怕是发展的路程中有诸多的不如意，但一定在其根底里存在的真实的"自由"。那时候的"经营"是大展身手、积极向上的，即便是遭遇到诸多的困难，但毫无疑问是愉快的。

在这个过程中，"企业"及其利益相关方之间的关系也不是单向的。"企业"依靠作为主体而构建起的"主观"，能动性地去招募利益相关方，并进行选择。毋庸置疑，"企业"不是单方面地成为被动地被评论、被评价的对象，也不是为了被选上连自身的"主观"都可以放弃，出卖灵魂于他人，像被寄存的行李那样的存在。在对主观性的"价值"的信念的坚定程度和对其事业化道路展开的洞察深度上，"企业"这个主体远在其他利益相关方之上，这也是理所当然的。如果不是这样，"企业"也就没有了存在的意义。在此基础上才得以成立的是与利益相关方之间的交易。也只有能够赞同这个"主观"的利益相关方，才会在"企业"那里聚集。面对时代环境的变化，在与利益相关方的关系中，"主观"当然不能够固执陋习，需要懂得通融，但那是与从属于外部要求似是而非的东西。放弃"主观"，持续随波漂流的话，就不能理解其中的不同。所谓懂得通融，是因为自由才得以得到的自在。当初原本是因为赞同"主观"聚集而来的利益相关方，随着时间的推移，逐渐开始主张各自的自我和权利，这时，需要依靠更加强韧的"主观"从根底里将他们重新聚集起来的柔软的自在。

就像这样，自己的目的由自己决定的自由经营，面对来自他人提出的课题,不是去思考在既有条件下如何去完成,而必须是用独自的眼光广泛地审视社会,主体性地找出应该做的事情,并打捞出来。从这个意义上来说,原本也可以换而言之"思考不可能做的事情"。在不可能做的事情中,凭借自己的意识挑选出自己应该做的事情,并发出挑战。把不可能做的事情变成可以做的事情,这才是"企业"之所以成为"企业"的真谛。广泛地审视社会,在其视线的前方聚焦的是"应该做的事情,但是还没有能去做",是"虽然还不知道是不是能够做,但是应该做的事情"。

对不可能做的事情发起果敢的挑战,这才是存在于"企业"原点中的"自由"。

反过来,没有胸怀这种"自由"的"企业"不能够称之为"企业"。"企业"是一个个怀揣为社会提出新"价值"提案的(待孵化的)蛋。

所以,"企业"所挑战的一直是未知的事物,这也就理所当然了。谁都没有见过的事物、谁都没有入手过的事物,顺理成章地,谁都没有将其认识为"市场"的事物。在做之前,没有任何可以做的保证。当然,也不可能可视化。即便如此,还是竭尽全力将其作为"市场"归拢出来,这才是这个"企业"的独创。所谓创新,不是简单地在现有条件下对方式方法下功夫而加以改善,而是通过把迄今为止不能够做的事情变成可能做的事情,创造出新的"市场"。不管是日常的消费品还是宇宙开发,其本质都是一样的。

但是,本该挑选经营什么的企业家,手脚被捆绑了,眼睁睁地看着"企业"经营的维度被驱赶到了如何经营（How to）这样的表层维度。那家"企业"为什么存在（Why）、以什么为目标（What）这样的本质性的问题，被误信为遵从现有的利益相关方的多数意见，从现有的经营资源的制约开始，被客观性地引导并决定的东西。说得极端一点，企业家只不过是这样客观性手续的代理执行人而已。作为代理人的他们能够做的仅仅是，客观地计算现在在那里所赋予的条件下最好的解答（能够做的事情）。就像是接到课题的孩子们那样，现在用这个玩具箱里的工具可以做什么呀？

企业家必须逃离这个困境，是因为老是被追问"这件事情到底能不能做"这样肤浅的问题；被要求提出能不能做的确实的保证；被要求将能够做成的时候的结果可视化；在这个过程中，不知什么时候，（企业家）被关押进能够做的事情的狭隘世界里而失去了自由。或者说，是因为自己走进去的作茧自缚。逃离这种困境所不可或缺的是，持有强劲的摆脱这一切的信念的"主观"，不去做这件事情就不是这个"企业"的不可动摇的信念和自负。到底是因为手脚被束缚变得不自由，所以才失去了这份力量，还是失去了力量，结果造成了被捆绑的不自由？这一点，企业家必须扪心自问、自省。

"企业"的经营，在应该做什么这个根本性的问题上，原本就应该是"自由"的。所以，这个"企业"应该做什么，作为企业家自己应该经营什么，这样的原点所应该站立的地平线绝不是竞技场那样闭塞的竞争空间，而应该是社会这个无限拓展的沃野。

觉醒之后

到头来，当然可以说是时代的产物，也可以说是企业家自身的责任，不管怎么说，就这样丧失了"自由"，始终忙于表面功夫的现象一直持续下去，就像曾经用于比喻企业员工那样，"企业"自身也终将会变成装配在经济社会这个庞大机构中的一个齿轮。如果变成那样，必定会被追求其作为一个齿轮的性能。从齿轮中，当然不可能诞生出从现有的框架内部破洞而出提出新"价值"的力量，也不可能实现播种创造性地改变未来世界的特殊种子。眼睁睁地看着"企业"就这样慢慢地失去了其在社会中原本应有的存在意义，实在是一件遗憾的事情。

日本"企业"失去了活力，连续不断地受到"收益性低、资本效率差、没有成长力、没有国际竞争力、没有新事业诞生、无法培育新兴企业"这样的批判，从某种意义上来说也是当然的结果。没有被独自的"价值"观印证的有条理的志向，整天蜷缩在那里盯着眼前的缝缝补补，在粉饰太平中度过一天又一天，当这一切变成常态之后，受到批判那是必定的。

当这种只不过是必然的结果被放上了砧板接受批判，就更想使用"修改结果的数字"这样的所谓对症疗法，而在这一疗法的延续中，经营就更加萎缩，症状也会越来越严重。在这样恶循环的尽头，根本看不到光明的出口。

一言概之，用惊喜让世人发出"居然还有这样的'企业'"的创造性的"企业"，肯定不会在那里出现。创造性不可能在确实性当中诞生。

通过将其原因归结为时代环境、制度、政策、社会习惯、既得权益等问题，并由此来否定讨论个别"企业"应该如何如何的问题，并作为不正当的东西去做处理，这显然更加容易。但是，原本"企业"处在国家与个人之间、社会全体与个人之间，拥有新的价值观、世界观，是能将独自的提案具体化的主体。而这个提案是打破现有的框架，并在现有的框架中开穴通风般的东西。可以发现，回顾过往的革新型企业，大家都是这样一路走来的。如果不是这样，也就不可能出现宅急送（快递）了。

为了将这份提案变为实际行动，"企业"所创造出来的是由员工、投资家、地区社会等赞同者构成的利益相关方的关系网。"企业"在其周边创造出来的类似一个小宇宙般的，或者说是在社会这个大海中浮起了一座孤岛般的空间，就成为"企业"对社会提出的具体提案的样本。即便是从微观着手，但看到的世界是宏观的。不管是销售额还是利益，都是社会对于这份提案给出的对价、报酬。所谓商业模式，充其量只不过是这时候附随的计算方案。因为是经济活动，所以首先应该从眼前的计算开始，这样的思考实在是太没有常识了。

仿效涩泽荣一在《论语与算盘》[①] 中的说法，用长远的眼

[①] 涩泽荣一，参考前文注释。《论语与算盘》：出版于1916年，涩泽荣一在宣布退出实业界之际出版的该书，主张将《论语》作为经商和立身处世的准绳。这是他多年以来在学校、各个慈善机构以及商会、协会所做演讲的精选合集，主题涉及青年立志方法、如何应对逆境、正确的工作态度、保持精神年轻之法、金钱观、对商业道德教育的关注、对慈善事业和履行社会义务的鼓励、对教育制度的思考，甚至如何尽孝等，包含了他七十多年来的人生经验和处世智慧。

光,将论语和算盘结合在一起的就是事业。光是拨打算盘,在事后想去添加意义,这根本是行不通的。正因为这样,所以才不是《算盘与论语》。

从来没有追求过的目标在某一天就获取了成功,这是不可能的。这个"企业"所追求的目标,也不是借来的东西或者装饰品,只是拿来放在那里就可以了。那是一切的开始。思考的逻辑顺序也必须是这样。所以,作为人类的经营行为,那里必须存在选择追求目的的经营"自由"。

现在,你的"企业"毫不动摇的"主观"是什么呢?必须去完成的自负又是什么呢?如果不能够做这件事情那就不是我们这个"企业"所深信不疑的又是什么呢?面对这些问题,靠着信念去回答的话,又会是怎样的答案呢?

在显微镜中细微的东西就像是只照射到了社会的一角,即便如此,那也是好的。"企业"自律性的进化,只能够从这里开始。正是因为有了不惜一切去实现的思考,才有了与之的格斗、在苦斗中萌发自由创意的新芽,在创意中诞生了事业,而将这个事业具体成形的,就是"企业"这个存在。作为"企业"这个主体的存在方式所有的方方面面,都没有必要加以束缚,没有必要去设定制约和前提。作为社会性的主体,"企业"应该将怀揣哪怕细微的但是崭新的"价值"提案的小宇宙变成现实,尝试自在地变换"企业"自身的模样(存在方式),去持续摸索其作为适应时代的社会公器的使命。

就这样,对不知道能不能做到的事情,果敢地去挑战,突破现有框架束缚的时候，支撑企业家的只有"我正在做我应该做的事情"这样的自信和自负。在谁也不能确定是否能获得成功的情况下，推动（企业家）作出决断的，并不是可能获得成功与否，而一定是作为一个人，是否坚信这就是善的（好的）。这是作为社会性存在的"企业"自身的"主观"，也是"企业家"自身的"主观"。

同样，围绕在"企业"周边的诸位利益相关方行动的，最后还是以"价值观"为主的"主观"。可以看到：作为员工在那里工作也好，交易商品也好，投资也好，人们还是会从中去找出"企业"内部具有的信念，并被引导对其产生共鸣。如果再次翻阅在"企业"的核心中看清其"人格"的历史，就会认为，对人类来说，"企业"原本就是这样的存在。

马克斯·韦伯在其代表作《新教伦理与资本主义的精神》的最后，写下了以下的预言，那是1920年的事情，距今已经超过百年。

> 作为营利最自由的地区的美利坚合众国，其营利活动，除去了宗教性、伦理性的意义，现在已经偏向于纯粹的竞争感情，其结果，甚至连带有体育性格的也不在少数。将来，住在铁栏牢笼中的又会是谁？在这个巨大的发展终结的时候，崭新的预言家还会出现吗？或者说，曾经有过的思想、理想还会不会强有力地复活？还是……什么都不是……化成了一种被异常的唯我独尊所粉饰的机械式的化石？谁也不知

道。姑且不论这些,对于在这样的文化发展的最后出现的"末人"(letzte Menschen)① 来说,下面的话应该成为真理吧?"没有精神的专业人士、没有心情的享乐人。这种没有的人会自恋:我们终于攀登到达了人性所从未抵达的高度"。(大冢久雄翻译,岩波文库)

即便如此,也绝不放弃去坚持,是因为人们妄信(或者说,妄信更加对自己有利):尽管不知道会去向哪里,只要持续不断地去做根据客观性的判断可以做的事情,肯定总归可以到达善的(好的)地方。这样的人认为:经济人能够做的,也无非是不管怎样接受被赋予的现实,并将自己囚禁其中努力赚钱。在这样既不算是自虐又不能称为自尊的达观中,这些人获得了满足,得到了安逸。难道现在不正是痛感这种荒谬的好时机吗?

企业家和围绕在企业家身边的人们,所有的人都堕落成了一种民粹主义。而对他们加之以无思想的,还是以咨询业者为代表的自认为是智囊精英的人,这就更加麻烦了。

企业家必须从马克斯·韦伯所说的"世界末人"的噩梦中睁开眼睛!

祈愿:在噩梦觉醒之后,企业家可以亲手夺回作为人类发自心底的愉快的经营!

---

① letzte Menschen:德语,可翻译成"最后的人""终极的人""末人""末等人"等。本书中使用"末人"。"末人"是德国哲学家尼采于其著作《查拉图斯特拉如是说》中提出的与超人对立的概念,蕴含着虚无主义。

谢词

致歉

虽然冗长地写下了原本作为咨询业者不应该写的此书,三年前开始执笔之际,也没有想到能够完成这样的拙作。

我当然不是一个著述家,也不是一个文笔家。

在我从事持续了四十年赖以生计的咨询业者的日子里,大多数时间都在与一家家"企业"、一个个"企业家"和干部的对话中度过。我发觉:这样面向不特定的多数人去写文章,或者面向众人去作演讲,都不是我所擅长的。不管是写还是说,每次精炼一个单词,编织一句话语,都会思虑对方在听到之后会想到什么,于是就会在对话中更努力地去做到更细微的关怀,这也成为一种习性。如果对方仅限于是眼前之人,因为是工作所以很难说有困难,但是同样的事情在不特定的多数人面前,随意性就完全不同。在我的脑海里浮现出一张张我所认识的脸,然后想起他们各种各样的听取我言论的样子,说得极端一点,每写一段文章都可以让我反复去遐想与他们的对话。如果允许我稍微夸大其词地表现的话，在本书的创作过程中，每一段文字都是我竭尽全力、绞尽脑汁所写下的。即便如此，也不见得就便于阅读，反而成为一种反复使用的晦涩的表现形式。同时，也一次次地对"咨询就是从事对话的工作"的深意铭感肺腑。

不管怎么说，写出来的就是这样一本笨重的东西，也希望在此再次向各位读者表达歉意。书名的副标题之所以选定"为了企业家的不眠之夜"，一方面当然是希望能够帮助到深夜辗转反侧难以入眠的企业家，哪怕仅仅是一小段文字。另一方面也有着向读者请罪的意思：在不眠之夜如果阅读这么难读费解的书，可能也会催生些睡意吧！不管怎样，企业家的思考和烦恼不会有终结的时候，睡一晚上，第二天新鲜的头脑中，如果能够回想起本书的只言片语，而它们又能够给予您的思考一点点灵感，那我也就很满足了。这也是我的真实想法。

本书并不是一本符合起承转合情节所撰著的书。如果比喻成音乐的话，应该是一章变奏曲。也就是说，一个主题和十几个变奏，最后回归主题，大概是这样的构成。相当于变奏的部分（词典），虽然像针织衣物那般相互关联，但也不是说就一定有着前后顺序的指定，所以应该从哪里都可以开始阅读。

之所以成为这样的结构，也是因为咨询业者的特性。就我个人而言，对于经营的各个领域也没有特定的主张一定要去写这个写那个。对于每一个客户而言，我竭尽全力使本书成为更加正确摆放的镜子或者说是反射板。客户的主张偏左的话，我的主张就会在右面；客户的主张偏右的话，我的主张就会在左面。我至今认为，一直以来我作为一个咨询业者所提供的帮助就是：让这个"企业"或者"企业家"作出更符合自己的判断，根据其个性提供将其思考落实到行动上的正确方式的建议。如果偏右的企业家能够在本书的记述中读到左的启示，如果偏左的企业家能够在本书中读到右的启示，那么我就太高兴了。如果说我也有一个唯一不变的主张的话，那就是："企业"也好，"企业家"也罢，必须不受外界的影响有自律性地去思考。

以前的同僚永冈英则先生细心地审阅了我的原稿，用长年事业家和企业家经验的视角，给我寄来了既有共感又有批评的一文，实则是让我喜出望外。特将先生的文章收录至卷尾，以表达对先生的谢意。

本书所著的内容，当然仅限于我个人有限的见地。而我的这些见识也是近四十年的咨询活动中向各位客户所承担的内容，加上 1986 年创业以来 36 年间与我一起工作的株式会社 Corporate Directions 的前辈、同僚、后辈的各位，他们与我一起寝食奋斗中通过密切的合作所积攒的内容。如果没有这个史无前例的内容丰富、知情趣意横溢的咨询业者的工作室，我也不可能将咨询这份工作持续至今，也就不可能完成本书。没有想到，后来我自己也成为这家企业的负责人，并持续了 19 年。在这期间，作为"企业家"，我也没有能够对这个挚爱的工作室作出什么让人满意的回报，作为赎罪，谨以此书献给这家企业。

2021 年 12 月末日　记

《企业之迷宫》寄语
现代资本主义的病灶和它的彼岸

永冈英则

本书作者的主张（观点）

　　本书的作者，拥有四十年咨询经验，在长期的对话、思考接近收尾之处，阐述"企业"和"企业家"的本源问题，将其洞察到的成果一件一件认真地讲解剖析阐述给读者，全书内容浑然一体。

　　尽管作者并不是试图将长篇大论浓缩凝结成简单的概括，但作者所表达的意见（message）核心在于：原本企业（企业法人）应该是极具"人性化"的，但是纵观现代社会中的企业，人性（主观性）已经完全丧失，成为只追求空洞的业绩和发展的装置，在那里激发不出生机勃勃的创造发明，只能在僵硬成一团的社会环境中抱残守缺。这是对我们敲响的一记警钟！（同时，我也想补充一点，本书的文笔虽然很犀利，但从根本上来说，还是饱含着对企业、对企业家的关爱，正如作者在绪言中说到的"希望成为'企业家'的声援新歌，而不是缅怀逝去的'经营'的哀怨悲曲"）

围绕探求如此糟糕局面的形成原因，作者将立足于"企业家"的立场上。无须赘述，企业家是企业的最高管理者，也是最终拍板的决策者。但作者认为这样的企业家已经变质，或者围绕着企业的许多事物现象（或者，是否应该将其定义为概念，例如目录里出现的"战略""市场"之类）产生的误解，使得企业应有的状态变得非常糟糕（虽然作者并没有直接使用这样的言辞）。

书中提到的误解（排列风格类似管理学方面的词典）涉及"战略"和"市场"等14个事物现象。各位读者，特别是商务人士，都能对这些事物现象发表各自的观点，而在经营管理的一线也会经常提及和使用。作者在书中解释了这样一个个相关词语（事物现象），本来是应该如何理解的，如何被误解，甚至已经成为社会常识的（即与词语本质的不同）。很多读者肯定能在字里行间感受到作者独特的视角和眼光，从而恍然大悟、茅塞顿开。可以说，本书明确指出了现代资本主义的病灶。

我的读后感

读完本书，我想尽力表述自己的感想，坦率地说就是："作为长期在经营活动第一线的专业人士，作者将经营中需要深思熟虑的核心部分，用通俗易懂的言语表达出来，整理成了书。"与作者表达的歉意完全相反，我在对内容深以为然的同时，在阅读此书时毫无睡意，求知的好奇心被极大地激起，最终认认真真地阅读完了全书。

以上话语的确表达了我读完全书之后的感想。但如果仅止于此，又会被人怀疑，这只是对职场上的师长说了一些恭维的话而已，那么接下来我将以本书的内容为基础，从稍许不同的视角将自己考虑和感受到的想法，坦率地告诉大家。

首先，我想先说一下前提：我是一名实务家，同时另一面，自己的经历背景又存在一些独特的元素。从事学术（高等教育和学术研究）相关的工作时间比较长，从就读经营学专业的大学时代开始，毕业进入企业后踏入社会，之后获得硕士学位，攻读博士学位共花了 8 年时间，同时也在所属学会发表了研究报告……我经常和学者交流，在大学也任教了 3 年（教授"创业商务理论"）。我参与投资活动、涉足资本市场的时间也还算长的，大约有 16 年的时间。担任过地方证券企业的独立董事（现任），3 次作为当事方参与了企业的股票上市，同时担任风险投资企业的代表也快 11 年了。另外作为个人投资家的投资活动也超过了 20 年。

而我的职业生涯是从"经营咨询顾问"启航的，从某种意义上讲，我在其他领域的工作中度过了四分之一世纪的时光，可以毫不夸张地说，这长的经历也构成了我人生阅历的底色。

所以我身上既有学者的气息，也带有投资家和咨询顾问的风格。尽管如此，我职业生涯的大部分（即核心工作）还是实业企业的 CFO，历经 22 年时光，我也自认为是一名实务家。

某企业家的语录

有这样经历的我，在阅读完了本书后，马上想起了最近听到的一位富有企业经营经验的企业家讲的话。"最近老是听到'purpose'来'purpose'去，这个词被胡乱提起。这个词又不是尿布，可以到处乱用。什么学者啊、投资家啊、咨询顾问啊，都仿佛装成一副自己可以认识到本质的样子，动不动提起这个词！"

当然，本书作者主张的，不是像这样揭示表面的"purpose"，并说明这些"purpose"的重要性，而是思考一个深刻本源的问题：为什么一定要像现在这样思考"purpose"，因为这种行为本身很奇怪。

即便是理解了作者掷出的本源性问题的意义和真实性，仍然存在着一种潜在危险，即读者，特别是实务家会出现与上述的企业家类似的反应。

虽然提出了本源性的问题，贯穿全书始终的是，作者的立场并非基于掌管经营业务的企业家（实务家），而是基于咨询顾问的角度。一旦抛弃了这种第三方的性质（立场），作者非常清楚那就意味着自身的生存价值就会丧失。在阅读此书的时候，我对此深以为然！首肯此书的原因，可能是我自己兼有学者、投资家和咨询顾问的背景。

我作为实务家，也作为本书的主要读者，本意上同情上述企业家的发言。重要的是"作为理想理论真的是那样的，但现实中却难以得到实现"。

这就像大河的左岸（这里指咨询顾问等第三方观察者）和右岸（企业家、实务家）一样，两岸之间难以逾越的鸿沟究竟从何而来，我想至少需要进一步去思考。

为什么脊梁会被拔掉

作者在本书中想纠正的企业家，他们失去了"主观"和"信念"，仿佛被拔掉了"脊梁"，我觉得这类人事实上是很多的。虽然不能用定量方法来区分，但大胆从直观上来说的话，这类人多到让人感觉市值超过数百亿日元的上市企业的企业家几乎都是。

我感觉其中蕴含着对应的必然性和或然性。虽然想写理所当然的事情，但我还是想根据自己观察到的许多企业和企业家，整理一下我思考出的"变得这么糟糕的原因"。

首先，最初必须思考的是"规模"和"分工"。

很明显，企业是分工的集合体。企业规模越大，分工越细。换句话说，在企业工作的每一个人，只构成了企业实现附加价值生产的一小部分。例如：想象一位负责企业应收账款的管理人员，就很容易想到此人既不知道客户的实际情况，也不知道生产一线的情况。因为企业家是要看全体情况的人，才有了对附加价值生产全过程的"感触"。实际上，连企业家也只是众多分担职责的人中的一分子。这是在组织中的工作人员实际感受到的。这就是一定规模以上企业的企业家远离自己企业的产品、顾客、业务的实际状况。

顺便提一下，讨论的话题虽然有些走偏，但可以说左岸（第三方、观察者一方）的人们，是处在与上述实际情况完全相反的角度，与其说他们并没有明确的分工，不如说他们是靠自身负责全过程来创造附加价值的。由数名经营咨询顾问组成的项目小组，也只不过是分工作业产生的相互作用，如果发现了本源性价值生产的存在，将咨询顾问个体的信息输入，反复思考后输出，在这里"分工"是无法做到的。同样学者和投资家的工作也无法做到"分工"。

除了规模和分工，还有必要考虑培养企业家的环境。如前所述，即使反复从事细分化业务（虽然有轮岗，但过了 20 年、30 年也只是在整体业务的一小部分中获得了经验），到底对于原本应该拥有的事业的"主体性、主观性、全体性、信念"之类的东西是否能被培养出来，作为在企业工作了 30 年的员工，通过一部分的事业积累了使命，但是一旦成为企业家，也无法想象其身上立刻会附带上全体性，实现其自身的完美转型。对企业家个人而言，即使是事业和企业，也成了不可轻易动摇的"既有条件"。

恐怕在左岸（咨询顾问）的人看来，这些"既有条件"是很容易整理归纳的，因为可以认为本来就不应该就是这样的。然而，在右岸（企业家、实务家）的人来看，因为企业已经形成巨大的系统，无论怎样折腾，在"既有条件"下也是动弹不得。

为了能让人们意识到相似的问题，迈克尔·波特的战略论提出了"钻石模型"（五角的合力模型）。在其框架中含蓄地展示了企业定位的重要性，认为企业必须在能够收获高收益（或取得竞争优势）的行业内开展业务。但在企业业务的当事人看来，这不过是一味的结果导向的理论，毕竟涉足其他行业的跨界经营并不是一件容易的事情。

控股公司的发展大概也会碰到同样的问题。现今发展为控股公司后成为上市企业的例子很多，在还没有成为控股公司之前，在企业成长中扩展经营范围（多元化）的企业也不少。从这样的组织结构观点来看，很容易发现企业家大概率远离了业务一线（实际感觉）。近几年来，从有关企业管理的讨论中出现经营（监督）和执行分离的实际状况也在不断发生。

企业创立者是否被拔掉脊梁

如果是企业的创始人，主观性是否就能被保证存在呢？就像在本书中论述到的，创业时很多场合是从"想去做"开始的。与随着细分业务的断片化积累从基层员工逐步升职上来的总经理（社长）不同，企业的创始人在长期工作中，基于整体意义坚持去做"想去做的事情"的可能性的确很高。但是，随着企业的发展、规模的增大，产生了很多的分工，适应环境的业务也发生变化，即便是企业的创始人，也会逐渐远离实际的一线（现场）。企业家的思路和知觉也会与事业和组织的实际情况逐渐脱离。

另外，在企业初创时是从"想去做"开始的，但这一点也不一定就是那么明确。以我个人的经验来看，在企业设立后立即参与经营管理工作，也会被企业的创始人们说道："一起思考商业模式吧（做什么）。"

作者也严厉地指出了这一点。

> 根本不存在一开始就"什么都可以，我就是想成为艺术家"这样的人。"我想成为创业家"这样的想法，就与前述的艺术家一样可笑。……这样从一开始就只盯着钱看，没有任何可以藏于密室的东西的创业者，其结局是，从长远的目光来看，都成就不了真正的"企业"。（摘自本书"迷宫"的经营词典，开发的"'开发'外部化的现象"）

这可以说是极其深入地指出了事情的本质。关于开始创业的缘由，作者反复地强调主张：是以"精神性"的"密室"为出发点的。我左岸的内心（即咨询顾问、第三方观察者）是非常想全面地肯定这种说法的。

但是，就这一点而言，我右岸的内心（实务家）却出现了违和感。创业这一行为，如果真的是要创造出新的东西或事物的行为的话，在现实中肯定先是完全不知道自己确切需要做什么、怎么做，然后再逐渐发展的，而反复经历过这种尝试和错误的人才被称为创业者。创业者与直接说"因为我想弹钢琴，所以想成为钢琴演奏家"的人是当然不同的。如果一味地认为"想去做"就是事情的全部，我担心这样的逻辑最终会变成逃避现实的托辞。

在哪里会有创造性产生

在沉浸右岸环境的企业家看来，虽然不能否定，创业是从

"想做的事情"朝气蓬勃地开始的,但自己的内心仍然是困惑重重。在现实中是只做"寻找机会、分析强项(核心竞争力)、控制成本、打磨商业模式"的情形越来越少了。

如果是这样,就像作者所说的,不是生机勃勃的创造,而是在不断蜷缩的社会中抱残守缺。

虽然说不存在唯一的正确答案,我还是认为"创造来源于边缘地带"。我对发展壮大了的企业的企业家所抱持的"想做的事情"没有期待,但对于上述企业的一线或非主要业务的边缘地带人员而言,或者对社会上的创新企业而言,创造的萌芽确实存在。

就像作者在本书中指出的这样,企业家必须成为"孵化器"。我觉得企业家在"孵化器"方面的优劣,会决定企业未来的新鲜程度。到底是考虑未来的企业家必须要有"想做的事情",还是无论如何不能将企业家的旧的世界观带到未来?我在右岸(实务家)的内心告诉我答案是后者。

作为企业家内在的指南针

经营这一行为就像本书的书名那样,我想就是一个迷宫。将平时看起来相反的要素进行对照,探索未来应该前进的道路。无论是道理和情理、宏观和微观、长期和短期、抽象和具体、理想和现实、作为直接的当事者和作为间接的第三方,经营这项工作是在这些要素中来来回回的同时,对于不存在唯一正确答案的众多问题,只能够踏踏实实地一个个去解答。从这个意义上来说,无论对于在右岸的人们还是对于在左岸的人们，都想着在大河的对岸有一个真相，能够获得这样的视点当然是非常有价值的。

本书作者揭示了在迷宫中存在的众多事物的本质，这对于在右岸沉重的经营现实中摸爬滚打的商务人士，至少对企业家而言，是提供了可以经常依靠的"内在的指南针"。

永冈英则

1972年出生，毕业于一桥大学商学部，曾任职于Corporate Directions, Inc.（CDI）咨询公司，参与食品、饮料、机械、印刷等行业的咨询项目，2000年作为CFO参与互联网创业企业的株式会社"axiv.com"的创业阶段，在经历了并入大型IT企业集团、MBO、股票上市、上市市场变更、与大型企业统合等事件后，现任CARTA HOLDINGS公司董事CFO、CARTA VENTURES公司董事长。

立教大学Business Design研究科（硕士）、立教大学经营学研究科博士后期课程（取得学分后肄业），HELP（一桥大学财务领导力项目）学习2年，加入日本管理学会、日本经营财务学会、日本经济会计学会，在大学等学术机构多次授课、演讲，任丰证证券独立董事。

图书在版编目(CIP)数据

企业之迷宫:为了企业家的不眠之夜/(日)石井光太郎著;张浩川译. —上海:复旦大学出版社, 2023.11
ISBN 978-7-309-16968-3

Ⅰ.①企… Ⅱ.①石… ②张… Ⅲ.①企业管理-咨询 Ⅳ.①F272

中国国家版本馆 CIP 数据核字(2023)第 161343 号

企业之迷宫:为了企业家的不眠之夜
QIYE ZHI MIGONG:WEILE QIYEJIA DE BUMIAN ZHIYE
[日]石井光太郎 著 张浩川 译
策划编辑/关春巧
责任编辑/王雅楠
美术编辑/杨雪婷

复旦大学出版社有限公司出版发行
上海市国权路 579 号 邮编:200433
网址:fupnet@fudanpress.com http://www.fudanpress.com
门市零售:86-21-65102580 团体订购:86-21-65104505
出版部电话:86-21-65642845
上海盛通时代印刷有限公司

开本 890 毫米×1240 毫米 1/32 印张 7.625 字数 157 千字
2023 年 11 月第 1 版
2023 年 11 月第 1 版第 1 次印刷

ISBN 978-7-309-16968-3/F・2995
定价:68.00 元

如有印装质量问题,请向复旦大学出版社有限公司出版部调换。
版权所有 侵权必究